이런 것도
즐겁다고
생각합니다

이런 것도

즐겁다고

생각합니다

김은한
에세이

민음사

차례

들어가며　7

1장　끝없이 잡담만 하고 싶네　11

2장　정확한 말을 찾을수록 상처받을 거야.
　　　혼잣말하게 둘 거니까　29

3장　식당에서 만난 극장과 집에서 차린 식당　47

4장　모르는 걸 모른 채 두기　77

5장　말로만 응원하고 극장을 찾지 않는 사람들　99

6장　시늉과 행세　127

감사의 말　152
추천의 글　154

들어가며

　　서문을 잘 읽지 않고 넘어가는 편이다. 어쩐지
별 내용이 없을 것 같다. 한시바삐 본문이고 싶다.
서문은 시작이 아니라 곧 시작한다는 걸 알려 준다.
목차가 메뉴판이라면 서문은 '부디 맛있게 남김없이
드세요.'라고 쓰인 작은 카드처럼 느껴진다. 아니면 접시
위에 놓여 있는 냅킨이거나. 냉큼 치워야 마음이 편해질
것 같다.

　　이런 말로 서문을 잘 읽지 않는 사람의 환심을 사고
싶다. 물론 그들은 이미 본문에 있을 것이다. 서문을
잘 읽는 사람이 서문을 읽을 것이기에 이러한 시도는
엉터리다. 서문을 사랑하는 사람은 서운해할지도
모른다. 누가 무얼 좋아하는지는 알 수 없으니 솔직해져
보자고 생각할 뿐이다.

　　에세이는 쓴 사람과 읽는 사람 사이에 조그마한
취향이 겹칠수록 즐길 거리가 많은 장르 같다. 그렇지
않으면 어릴 적 풍선껌에 들어 있던 플립 북처럼
순식간에 읽히고 말 거다. 서문을 쓰는 입장이 되니

그보다는 조금 천천히 함께하고 싶다. 서문이 가벼운 방지턱이 되길 바라는 마음이다.

    출판사와 계약해서 책이 나온다고 하니 책이란 어떻게 나오는 것이냐고 묻는 친구가 많았다. 2015년부터 공연을 꾸준히 만들었고, 가끔 의뢰받은 연극 리뷰가 웹진 등에 실리기도 했다. 민음사 인문잡지 《한편》 편집부에서 그걸 살펴 주셨는지, 《한편》 16호 '유머'에 「오래 퍼지는 늑대 웃음소리」라는 글을 싣게 되었다. 그리고 조금 더 읽어 보고 싶다고 하셨다. 이 책은 그런 계기로 세상에 나오게 되었다. 다만 너무 연극 얘기만 하면 독자가 지나치게 낯설어할 수 있으니 세상을 연극처럼 보고 마는 사람, 그가 본 세상에 관해 써 보면 어떻겠냐고 하셨다. 2025년 3월부터 한 달에 한 편 글을 보냈고 9월부터 김세영, 신새벽 편집자님과 메일을 주고 받으며 글을 수정했다. 책이 마치 내가 하는 공연인 양 전해질 수 있게 궁리를 했다. 짧은 희곡을 실어서 희곡을 읽는 즐거움도 전하고 싶었다.

    소극장에서 공연을 마치면 관객의 안색을 살피는 시간이 생기기도 한다. 공연자로서 해 봄 직한 말은 대체로 두 가지다. 좋았다면 "거참 다행이네요." 별로라면 "거참 유감이네요." 앞으로 몇 번쯤 기회를 더 주기를 바라면서 인사할 뿐이다. 살아가는 와중에 일어나는 다행과 유감 사이에서 이런 것도 즐겁다고 생각하는 사람을 위해서 썼다. 언젠가 흥이 돋으면 극장도 찾아 주시기를 바라면서.

1장 끝없이 잡담만 하고 싶네

공연을 보거나 책을 읽다 보면 어딘가 묘하게 다른 부분을 만날 때가 있다. 색, 맛, 향…… 뭐든. 명백하게 전체 이야기와 별로 상관없는 부분. 이건 잡담이다. 잡담이 좋다. 그래서 이 얘기는 왜 한 거야?라고 묻게 되는 잡담. 하고 싶은 말이 따로 있다고 해도 그 사족이 진짜 하고 싶은 말 아닐까? 이야기가 하려는 말이 있고 작가가 하고픈 말이 따로 있을 수 있잖은가.

세상에는 좋아하는 부분을 먼저 쓰고 앞뒤를 채워 글을 완성한 뒤에 결국 좋아하는 부분을 삭제하는 작법이 인기가 있다고 한다. 하지만 쓸데없는 말 하려고 필요한 말 하는 거 아닌가? 말하다 보니 퍽 근사한 말을 할 때도 있겠지만 애초에 그걸 원했던가? 누군가 '쓸데없는 말만 할래요'라는 공연을 만든다면 덜 재미있을 법하다. 볼드체로 가득한 두꺼운 인상이 든다. 모든 게 요점으로 가득 차 있을 것 같다.

작가들이 존경스럽기 시작한다. 어떻게 계속 새로운 걸 만들며 살아갈 생각을 하셨나요? 저는 고작 몇 년을 했을 뿐인데 몸을 잔뜩

꼬면서 머릿속에 혹시 금박이 남아 있나 살피고 있습니다. 뇌가 황금이었던 적은 없지만요. 새로 등장한 창작자가 "글과 공연으로 먹고사는 게 꿈이에요."라고 말하면 아득하게 두려워진다. 이 사람! 해내면 대박이겠는걸. 해냈으면 좋겠다. 나는 어쩌지? 예술가를 종종 '창작하지 않으면 살아갈 수 없는 사람'으로 설명하는 걸 보면 식은땀이 난다. 그런 사람이 있어? 한국예술인복지재단에서 내 예술인 패스를 회수해 가면 어쩌지? 새로운 작업을 시작하는 건 여전히 두렵다. 아무것도 못 만들면 어쩌지? 아무도 안 오면 어쩌지? 망하는 생각만 하니 포스트 아포칼립스 장르는 인기가 많다.

　두려울 땐 내면보다는 외면. 시선을 돌리자. 잡담을 나누면 기분이 나아진다. 어떤 날은 잡담만으로 충분하기도 하다. 누구와 잡담을 나눌까? 예전에는 이웃이나 동네 어른과도 잡담을 많이 했다. 엘리베이터를 함께 탄 사람에게 꼭 인사를 했고, 말을 건네오면 친근하게 짧은 대화를 했다. 그 와중에 겁이 많아서 개인적인 얘기는 꺼내지 않고 아무 말이나 했다. 그들도 그저 인사 겸 시간을 보내기 위해 말을 걸 뿐이다. 뭔가 반짝이는 순간처럼 보여도 금방 스쳐 지나가는 시간. 요즘도 지하철 역 근처로 뻗은 곧은 길을 걸을 때 이웃을 자주 만난다. 내가 하는 말은 대체로 '걔는 요즘 잘 지내나요?' 내지는 '네, 어디 좋은 데 갑니다.'지만.

그나저나, 지하철 건물 안 매장에서 파는 도넛을 좋아한다. 특히 좋아하는 건 생도넛이다. 까슬까슬 단단한 빵 식감 속에 포슬포슬한 백앙금이 들어 있다. 오래되면 기름이 배어 나와 반갑지 않다. 오랫동안 1000원이라서 즐겨 먹었는데 물가가 오르는구나 싶다. 둥글넓적하던 생도넛은 서서히 완전한 원이 되기 시작했다. 작아지고 껍질이 더 두꺼워졌다. 아쉬워서 어느 날 사장님께 여쭤봤다. 생도넛이 점점 작아져요. 더 작아지는 걸 원치 않습니다. 1500원, 2000원이라도 좋아요. 크기를 원래대로 돌려주십시오. 사장님께서는 말씀하셨다. 그러면 어르신들이 쉽게 사 드시기 어려워하세요. 조금 줄이는 한이 있어도 가격은 지켜 보려고요. 느낌표. 생각지 못한 방향이라 놀랐다. 빠르게 부끄러워졌다. 세상에는 모르는 까닭이 참 많다.

내게 연극은 다른 시각을 전해 주는 것, 놀라게

하는 것이다. 하지만 어디든 극장이고 연극이라고
주장하는 건 꼼꼼한 비빔밥 같다. 그보다는
듬성듬성 뭉치거나 양념이 하나도 안 묻은 다양한
농담을 즐기는 걸 좋아한다. 2021년에는 이곳을
배경으로 짧은 희곡을 쓰기도 했다. 작고 낯선
이야기가 많아지길 바라며 썼다. 연극 관객이
줄어드는 건 어쩌면 사람들이 너무 바빠서,
극장까지 가는 길이 지쳐서일지도. 그 여정까지도
기쁨이라면 좋겠다는 마음으로 썼다.

올 헤일 언더그라운드 씨어터

음악은 블루스 풍의 허밍. 공연자가 입으로 낸다.

무대는 왕십리역

안녕하세요. 아, 오징어젓갈김밥이랑요.
매운어묵김밥이요. 앗, 일단 컵떡볶이 하나
주시고요. 순대 절반은 이제 안 팔죠? 식혜도 한 잔
주세요. 밥알 덜 주실 수 있나요? 그럼 괜찮습니다.

대사와 상관없이 천천히 메뉴를 고른다.

저 그리고 오늘…… 있나요? 그거 있나요? (속삭이며) 그거요. 없나요? 아이고, 그거 먼저 여쭤볼 걸 그랬네! 죄송해요. 김밥만 포장해 주세요. 혹시 옥수역 가면 있을까요?

무대는 옥수역

오늘 공연 있나요? 없구나! 으악. 생도넛이랑 버섯고로케 하나씩 주세요. 아! 국립극단 시즌 단원이셨던 분이 해 주실 수 있대요? 뭐 해 주신대요? (실망한다.) 아…… 그럼 괜찮습니다. 다음에 올게요.

……그러면 약간 작은 극장에서 공연하시던 분들은 어디 가면 공연 볼 수 있나요? 아, 잘 모르시는구나. 예, 뭐 앱 개발되면 좋겠네요. 정보 다 볼 수 있는 앱이요. 그렇죠. 저요? 아뇨. 그냥 관객인데요. 궁금해서요. 근데 홈페이지도 안 뜨고 전화도 안 받고 해서요.

많은 개인 빵집이 지하철로 들어간 것처럼 작은 공연도 모두 지하철 건물 안으로 들어갔다고 들었다. 기관에서는 사회 공헌을 목표로 적극적인 지하철 극장 계획을 세웠는데, 혼란하고 불안한 시절이라 그런지 존재한다는 얘기는 들었지만 좀처럼 보이지 않았다. 예술가들은 또한 싸우는 사람이기도 할 텐데. 이럴 리가 없는데.

　모두 사라졌다. 가끔 도너츠 가게 옆에 앉아 스탠드업으로 소네트를 낭송하거나 어린이극 「변신」을 하는 배우는 봤다. "안녕하세요! 밀웜! 맛있는 미래의 영양 간식, 밀웜을 만져 보세요!" (아이들 몰려가 양손으로 배를 꾹꾹 누른다.) 도서가 비치된 지하철에서 두 정거장 동안 공연하고 세 정거장 동안 쉬는 배우도 있었는데, 모두 유명한 배우들뿐이었다. 방송에 나오지 않는 유명한 배우들.

　나도 예전에는 연극을 했었는데, 그만두니까 그만둬졌다. 사랑이란 건 과거에만 존재하는 거란 걸 깨달았다. 담배나 술이 훨씬 강하다. 연극은 마음먹으면 딱! 자를 수 있다. 어쩌면 함께 술 담배를 즐기며 밤새 연습하던 친구들이 좋았던 건지도.

　　큰 극장도 몇 개 남지 않았다. 종로의 모 아트센터는 두타 종로5가 로열 시그니처 인피니트 엔터테인먼트 점으로 이름을 바꾸고 대대적인 보수 공사에 들어갔다. 낯선 나라에서 온 유명 외국 건축가가 손을 보았다고 한다. 내부에 있던 소극장에서는 청바지를 판매하고 있었다. 나도 바지 두 벌 샀다. 최첨단 환기 시스템이 매장을 쾌적하게 지켜 주었다.

　　1호선을 타고 회기로 가야 하는데 청량리까지만 가는 지하철을 탔다. 깜빡 잠이 들었는데 나를 내보내지 않았다. 회송되는 차에 탄 채로 잠에서 깼다. 들었다. 무슨 소리가 들렸는데. 조용히 어둠 속을 이동하는 열차. 어디까지 가는 걸까? 창밖에 보이는 어둠 저편에 희미한 빛이 보였다. 순간적이지만 사람들이 모여 있는 게 보였다. 분명 공연하는 것처럼 보였는데. 헛것을 봤나. 내 눈꺼풀 안쪽의 풍경인가.

얼마나 시간이 지났을까. 지하철이 맞은편 노선으로 돌아 나오며 불이 켜졌다. 그때 알았다. 그렇구나. 집을 나설 때부터가 연극을 만나는 여정이다. 작은 연극을 만드는 사람들은 그 여정을 점점 어렵고 흥미롭게 만들기로 한 거다. 그렇다면 분명 알맞게 예매하고 찾아가는 방법이 있을 거다. 찾을 수 있다면 기쁠 거다. 올바른 방법이 존재한다는 건 그 자체로 축복이다. 비참한 삶 속에 내가 온전히 될 수 있는 몇 가지 마음이 있고, 이건 그중 하나다. 더 어려워지는 건 문제가 아니다. 갈 수 있다면 충분하다.

올 헤일 언더그라운드 씨어터.

음악은 블루스 풍의 허밍. 공연자가 입으로 낸다.

막

어떤 식당에 들어갈까 고민할 때 속으로 흥얼거리곤 한다. 블루스보다는 트로트에 가깝다. 온 매체에서 미식 경험을 권장하는 시절이니 식당

앞에서 기다리는 일도 익숙해졌다. 여전히 '줄은 절대 안 서.'라는 사람들도 있다. 하지만 제로 음료를 놀리던 사람들도 처음에는 그런 식으로 말했었다. 그런데 식당 앞에서 차례를 기다리다 보면, 극장을 찾아가지 않아도 별난 여정을 하게 되는 일이 있다.

팡팡 할아버지(별칭)를 만난 건 어느 여름 항구 도시에서였다. 지금도 귀를 가만히 기울이면 팡팡! 문을 두드리는 경쾌한 소리가 들려오는 듯하다. 정말 들리면 괴담이겠지만 훨씬 맑고 경쾌하게 들리는 걸 보니 미화된 기억이다. 괴담도 좋아하는 편인데 그 얘기는 또 나눌 수 있으면 좋겠다.

2024년 9월 말에 인천에서 열린 러브칩스 페스티벌에 갔다. 관심 있는 해외 밴드가 나오기 전에 식사를 마쳐야 한다. 차이나타운으로 갔다. 당시에는 잡탕밥에 빠져 있어서 여유가 나면 잡탕밥을 사 먹곤 했다. 걸쭉하고 짭짤한 소스에 풍성한 야채와 버섯, 오징어 등이 들어 있다. 마음속에서만 요란하게 진행하는 예능 방송이 시작된다. 최고의 잡탕밥을 찾아라. 「고독한 미식가」의 주인공 고로 상처럼 어슬렁대며 식당을 찾는다. 가까운 곳 중 가장 별점이 높은 곳을

골랐다. 번호표를 뽑고 한참을 기다렸다.

팡!

곁에서 크고 불쾌하지만 어쩐지 맑은 소리가
들렸다. 사람들은 놀랍지 않다는 듯이 지나쳤다.
궁금해서 다가가 보니 웬 할아버지께서 두꺼운
농협 철문과 싸우고 계셨다. 개성 있는 어르신은
어디에나 있다. 정권 지르기와 현란한 발차기.
열어 주지 않는 문과 싸우는 건 고독하다.
하염없는 기다림을 다룬 프란츠 카프카의 『법
앞에서』처럼…… 어쩌면 치열하게 타오른 뒤에야
그를 위해 준비된 문이라는 걸 알게 될지도
모른다. 서서히 소리가 잦아들며 등 돌려 떠나는
할아버지의 모습이 보였다. 다시 식당 앞에서
기다리고 있는데 좀처럼 순서가 돌아오지 않았다.
다른 데 가서 먹을까? 잠시 후 나는 눈치채고
말았다. 여기는 차이나타운…… 메뉴는……
잡탕밥……. 어디든 맛있는 거 아닐까? 농협 정문이
있는 골목으로 올라가 보기로 했다.

팡팡!

농협 안을 흘깃 쳐다보니 할아버지께서 현금 인출기에 정권 지르기를 하고 있었다. 의로운 사람은 아닐지언정 가끔 생각한다. 광기에 사로잡힌 어르신이 있다면 어떻게 하면 좋을까? 내가 나설 수 있으면 좋겠지. 어린 시절 태권도장에서 허세를 부리며 벽에 어퍼컷을 하다가 중지 뼈를 다친 적이 있다. 저런 휘두름. 아무래도 위험하지 싶어서 할아버지를 끌어안았다. 어떻게 친근하게 다가가야 할지 몰라서 존댓말과 반말을 섞어가며 말을 걸었다. 할아버지! 위험해! 다쳐요!

한참을 끌어안고 있으니 그분께서 조용히 말씀하셨다. 저게 카드를 먹었어.

현금 인출기가 카드를 먹었다고 이런 거친 언행을 하시다니요. 혹시 보이스피싱은 아니던가요? 갑자기 아드님께서 큰돈을 넣어 달라고 하진 않았나요? 저도 10년 전에 가공의 납치를 당한 적이 있어요. 어머니께서 신음하는 제 목소리를 들었는데, 목소리가 너무 안 닮아서 그만 끊어 버리셨대요. 저는 미술관 도슨트 교육을 받는

중이라 종일 연락이 안 됐었고요······.

할아버지께선 말씀하셨다. 보이스피싱? 그딴 건 안 걸려.

자신감이 있어서 좋네요. 하지만 조심하시면 좋지요. 정말 카드가 안 나오는 거죠?

직원이 있어야 할 거 아니야! 불러도 안 나오잖아!

아녜요. 주말에는 상근 직원이 없을 거예요. 그러니까 뒷문을 두들겨도 나오지 않은 거죠. 그렇게 두들겼으니 나오지 않은 걸 수도 있고요. 두들겨서 언제나 나온다면 세상은 얼마나 행복하겠어요.

계속 말씀을 드려도 믿어 주지 않으셨다. 현금 인출기에 적힌 전화로 보안 회사에 연락했다.

카드가 안 나온대요. 꺼내 주세요. 할아버지께서 몹시 흥분하셨어요. 최대한 빨리 와 주실 수 있나요? 빨라도 20분이요? 알겠습니다. 20분 뒤면 온대! 걱정하지 말아요. 꼭 꺼내 준대.

할아버지는 그제야 안정되었다. 무심코 계속 끌어안고 있었다. 포옹을 풀고 나니 실내가 무척 더워서 문을 열어 두었다. 문 앞에는 선뜻 들어오지 못하는 사람들이 있어서 옆 기계를 이용해 달라고 말씀드렸다. 바람이 시원했다. 한쪽으로는 종종 은행 업무를 보러 온 사람들. 한쪽에는 종종 버럭버럭하는 할아버지. 함께 시간을 보내기 위해서 잡담을 나누었다.

    왜 이렇게 힘이 좋으세요. 올해로 아흔이시라고요? 제게는 까마득한데, 그 모든 시간은 어떠셨나요. 아, 별말 안 했습니다. 그런데 어떻게 힘이 좋으셔……. 예전에 힘 쓰는 일을 하셨나요? 외국에서? 사업을 하셨다고요. 카지노 운영을 하셨어요? 한 번도 안 가 봤어요. 어쩌다 농협 문을 두드리고 계셨어요. 해외에 있는 증손자를 보려고 하는데, 네. 내일이 출국인데, 가족의 카드를 전부 가져오셨어. 카드는 안 나오고, 아무도 없고 아무도 대답해 주지 않아. 그랬군요…….

    보안 회사 직원이 도착했다. 잘 다녀오시라고 인사드리고 다시 페스티벌을 보러 갔다. 잘 짜인 연극이라면 무언가 한 발 더. 팡! 하고 맑은 소리가 나는 후일담이 있으면 좋겠지. 그러나 잡담은 그저 시간을 함께 보내려는 일.

　누군가와 잡담을 나누다 보면 다른 삶을 들여다보게 된다. 잠깐 대화에 뭘 알겠냐마는. 무언가 달라진 기분이 든다. 극장을 나서면서 어쩌면 조금은 다르게 세상을 바라보게 되지 않을까 하는 기대, 착각인가. 누군가의 까닭을 알아 버리면 어쩔 수가 없다. 사악한 뜻이 아니었다면 더욱.

　쭉 잡담했다. 글은 보통 붙잡는 일일 텐데 잘 전하지 못할 때도 있다. 사람의 몸에 비해 글의 몸은 한참 알아가야 간신히 알게 되곤 한다. 하여간, 하고 싶은 이야기는 빼놓지 않고 했다. 쓸데없는 이야기만 하다가 한껏 두꺼워졌을까. 그럼 두드릴 만하겠다.

팡팡 할아버지를
만난
 중구농협

2장

정확한 말을 찾을수록

상처받을 거야.

혼잣말하게 둘 거니까

내 글이 언제부터 내 마음이었더라? 복잡한 머리를 정리할 때 글을 써 보는 게 좋다고 알려져 있다. 내 경우 글을 쓰다 보면 엉뚱한 소리를 하는 복잡한 글이 나온다. 창작자로서 이로울 때도 있지만 짐을 덜고 싶을 때 짐이 하나 더 늘어나는 건 곤란하다. 많은 문인이 글을 배설에 빗댄다. 그건 시원하게 들린다. 나에게 글쓰기란 변을 복사하는 일에 가깝다. 복잡한 머리는 그대로이고 복잡한 글이 새로 남는다. 중의적인 의미 찾기 놀이로 한숨 돌리자. 변은 선이니까 거듭 그으면 두꺼워진다. 거듭 변호하면 또렷해진다. 어쩌면 매끄럽고 명료해질 수도 있다.

　　내 글은 언제나 내 마음이었을 거다. 내 마음대로가 아닐 뿐이지. 아무렇게나 쓰려다가도 이내 영어 회화가 서툰 사람처럼 군다. 제대로 된 문장을 내놓아야 해. 그 와중에 농담을 던지려고 기회를 엿보기도 한다. 분수에 맞지 않게 고급 회화를 꿈꾸니 방향 없이 말꼬리나 잡으면서 불어나기만 한다. 그러면 좀 어때? 집중할 수 없으니까 나오는 글도 있을 것 아니야. 욕심도 많다. 그렇게 생각해서 마음이 단순해지면 두 문단째

헤맬 일도 없다. 이를테면 상처에 집중하면 어떨까?
거기에 붕대를 얼마나 감았는지 얘기하지 말고,
붕대를 어떻게 감아서 예쁜 공이 되었는지, 그
전개도를 펼치고 싶은 마음을 잠깐 미루면 어때.

　글 쓰는 이야기로 글을 시작하는 건 엄청 멋진
일은 아닌 것 같다. 무언가를 하는 상태에 집중하는
건 이제 더 갈 곳이 없는 걸로 보이기도 하니까.
부끄럽지만 지난 수년간 연극 만드는 연극을
만들고 있다. 연극을 그만두는 연극도 만들고 있다.
더 갈 곳이 없기도 하지만 그냥 거기에 있는 게
좋다. 어떤 세계에 태연하게 들어가 있는 건 못 하는
모양이다. 세계 바깥에서 어떤 세계로 들어가는
척하는 일이 익숙하다. 그러고 보니 익숙한
손으로만 연습하면 안 된다던데. 그럼 좀 어때?
익숙한 손으로 연습해서 나오는 글도 있을 것…….
그만하시오. 그만하시오? 무언가의 수호성인일 것
같은 이름이네.

　일기보다 더 긴 글을 쓰기 시작한 건
2015년이었다. 디페스타라는 동인 행사에 부스를
내고 「광대조차 부활하지 않는 밤」이라는 엽편

소설을 썼다. 이런 소설을 네 편 모아서 40부쯤 뽑았다. 트위터(현 X)에 평범하게 홍보를 하고 열 권 정도 판매했다. 30부가 남았다는 생각보다는 열 분이나 이걸 사 주셨다는 게 놀라웠다. 그날 '파랑새'라는 알 계정(프로필이 기본 이미지인 계정으로, 보통 활동이 없고 새로 생성된 계정이 많다.)이 DM을 보내왔다. 하고 싶은 말이 있는데, 오늘은 아니고 다른 날 하겠다고 했다. 엄청나게 무서웠다. 죽기 전에 행사 부스를 열어 보고 싶었던 것뿐인데 호된 말을 듣게 될까? 긴장했는데, 그런 일은 없었다. 다시 읽어 보고 잘 말해 주고 싶어서 시간이 걸렸다고 했다. 한참을 좋은 말을 해 주셔서 힘이 부쩍 났다. 누군가 분명 보고 있다는 사실이 위안이 된다. 그 무렵 《더 멀리》라는 독립잡지 2월호에 「우인의 불멸 시도」라는 단편도 실렸다. 이 정도면 훌륭하게 비등단했다고 생각한다. 비등단한 지 벌써 10년이 됐다. 당시에 쓴 소설은 금세 낡았고, 이제는 마감이 없으면 쓰지 않는다.

    연극은 좀 더 꾸준히 하고 있다. 2015년부터 2017년까지는 상실을 연습하기 위해 시작했다. 잃는 일이 참 많다. 살아 있다면 반드시 잃어버리니까. 무언가를 시작하는 계기로는 이기적이다. 독립공연예술축제인 서울 프린지 페스티벌에서 매년 신작을 만들고 있다. 코믹월드나 디페스타 같은 동인 행사에 참여하는 감각으로 시작했다. 이쪽은 내게 조금 더 기회를 주었다. 이 세계에는 뚜렷한 등단 제도가 없어서 문턱이 낮았고 더 큰 무대에 오를 기회도 생겼다. 2025년 현재 그 큰 무대들은 모두 사라졌다. 놀라운 시절이었다.

    2018년에서 2019년까지는 '죽지 않게 하는 엔터테인먼트' 따위를 표방하면서 공연을 만들었다. 황망한 삶에 놀랄 때 종종 그러하듯 내 행동에 이유를 지어 주고 싶었다. 오만한 야심이었고 희망 사항이었다. '즐거운 걸 보면 조금 더 살고 싶어지지 않겠어?'라는 경솔한 마음이었는데 그냥 나만 살게 할 뿐이었다.

    부쩍 상실에 관한 공연이 많이 만들어지고 있다. 많은 이들이 상실을 경험한다. 어떤 사람은 우는 대신에 연극을 한다. 정말인가? 나는 이 말을 믿고 있나? 실컷 울고 나서 '이걸 연극으로 만들어야

해!'라고 생각하는 사람은 없을 거다. 이건 원인도 결과도 아니고 그냥 그렇게 되어 버리는 무언가 같다. 나도 그런 공연을 만들었다. 어떤 상실의 후일담으로 살아가기. 그런 건 시즌제 드라마의 규칙 아니던가? 아름다운 첫 시즌을 마치고 시즌은 계속된다. 시청률은 계속 떨어진다. 이야기의 힘은 약해지고, 인물들은 하면 안 되는 선택을 하게 된다. 스핀오프가 많아지니 설정에 오류가 생긴다. 어떤 추억은 지나치게 선명해지고 최근에 좋았던 장면은 쉽게 잊힌다. 그래도 다음 시즌 캔슬 소식은 없다. 이렇게까지 지속할 줄은 몰랐네요. 고유하지만 흔히 있는 슬픔의 바퀴가 빙글빙글 돌아간다.

물론 나라도 계속 살아가게 하면 좋다. 애초에 공연으로 남의 마음을 움직인다는 것이 가능하기나 한가? 극장에 있는 사람에게 줄 수 있는 건 '극장 바깥을 생각하지 않게' 하는 거다. 현실에서 벗어나 잠시 딴청 피우게 하는 것. 60분에서 120분 정도. 운이 정말 좋다면 집에 가는 순간까지. 그날 잠드는 순간까지. 하지만 내가 먼저 놀라지 않으면 사람들도 놀라지 않을 거라는 생각에 사로잡힌다.

관객의 즐거움을 위해서 계속 새로운 시도를

해야 할 것 같다. 무대에서 한 시간 동안 죽기, 자고 일어났는데 벌레로 안 변하기, 평론가를 섭외한 척 소개하고 실은 섭외하지 않았기에 무작정 기다리기, 연극이 끝난 양 관객과의 대화 먼저 하기, 셰익스피어의 「맥베스」를 일본의 화술 예능 라쿠고 풍으로 하기, 미흡한 준비를 한참 변명하기, 관객과 스무고개 하기, 캠프장 텐트 안에서 옛날 장난감 자랑하기, 20분 동안 관객과 함께 극단을 세우고 창단 공연하고 비평도 받은 다음 해산하기, 어제 본 연극을 엉터리로 소개하는 연극 하기, 낭독 공연 대본을 보면대가 써 와서 너무 놀랐다고 우기기, 진지한 얘기를 한참 하다가 무대를 마친 아이돌처럼 엔딩 요정으로 끝내기, 연말 결산으로 연극 하기, 즉석으로 괴담 만들기, 실제 경험한 괴담 말하기, 카프카로 콩트 만들기, 어린 나에게 말 걸어 보기, 공연 중에 비밀클럽으로 인도하기, 블랙메탈로 웃겨 보기, 공연 안내를 30분씩 하면서 시작을 미루기, 네가 극장에 안 온다면 내가 너희 집에 가서 연극 하기.

    2019년에 헨리 제임스의 『나사의 회전』을 비틀어서 만든 공연 「겉돌며 맴도는 회전으로서」에서는 이런 대사를 썼다. "연극은 끔찍하게 오만합니다. 여러분이 극장을 나서며 자신이 조금이라도 나아진 것처럼 느끼게 하죠. 세상을 바라보는 방식이 바뀌었다고 증언하기를 원합니다. 이전과는 완전히 다른 사람이 되었노라고. 그런 일이 극장에서 일어났노라고." 문장으로 읽으니 새삼 부끄럽지만 실은 믿고 싶은 말이었다. 연극으로 무언가 바꿀 수 있다는 걸 믿고 싶었다. 하지만 관객을 조금이라도 흔들어 보기 위해서 다소 부정적인 뉘앙스인 양 공연했다. 그러자 나 자신을 배신했다는 기분이 들었다. 어쩐지 상처받았다. 배신이라도 처음 한 번이 어렵다. 앞으로 계속 놀라려면 더 많은 배신을 해야 할까? 믿음을 저버리는 건 언제나 흥미진진한 일이니까. 당신은 자신을 상처 주었을 때 어떻게 반응하는지 궁금합니다.

    인터미션. 쉬어 가는 문단. 서로 어떤 일이 있어도 복수하지 말자던 친구와 멀어졌다. 덕분에 혼자 저주에 걸렸다. 유일한 복수는 잘 살아 내는 것인데, 그러지 말라면 어찌해야 할지?

2020년부터는 '연극은 몸에 좋다'를 모토로 공연을 만들고 있다. 훈련하면 건강도 좋아지지, 울 수도 있고 하고 싶은 말 실컷 해도 되지. 이 모토는 한동안 더 이어질 계획이다. 한 번도 성공하지 못했기 때문이다. 이상하다. 몸에 나쁠 일이 전혀 없는데 왜일까. 나를 더 잘 알면 나아지려나? 과정을 소중히 하고 좋은 습관을 만들어 가면 나아질 수 있을까? 메타 인지가 중요하다길래 시도해 보니 가짜 예언자가 된 기분이 들었다. 앞날이 뻔히 들여다보이는 것 같다. 이미 끝까지 살아 본 것 같다. 돌이킬 수 없는 삶이 두렵고 남아 있는 삶이 만만찮다. 슬픔을 차단하고 부족한 점을 채워야 한다. 다른 삶을 돌아보면 괴로우니까 내게 집중해 본다.

 어떤 코미디언은 다른 삶을 과장해서 섬세하게 흉내 낸다. 대단하다. 나는 다른 삶에는 닿고 싶지도 않아서 캐릭터 연기도 잘 하지 않게 되었다. 이들은 어떻게 해내고 있을까? 돈이 되니까? 재밌어서? 비위가 좋아서? 슬픔을 감추는 데 능해서? 하나도 안 슬퍼서? 다른 삶을 살고 싶어서? 모든 게 웃음거리가 되다 보니 코미디는 점점 교활해진다.

관객을 배신할수록, 가던 길을 꺾을수록
재밌어진다. 그건 배신하지 않는다. 그런데 계속
꺾다 보면 핵심 신념을 잃어버리지 않을까? '핵심
신념'이라는 건 전 상담사 선생님께서 해 주신
말이다.

"수많은 말씀을 하셨는데 아직도 표면에 머물러
있어요. 선생님의 핵심 신념을 모른다면 치유는
일어나지 않아요."

당시에 나는 충분히 말했다고 느꼈다. 무얼 더
이야기하지? 더 말씀드리자면 이제부터는 창작의
영역이니까, 돈 드리고 공연하는 건데요. 더 할 말이
없어서 종료했다. 상담사 선생님과의 에피소드를
성숙하게 혹은 익살스럽게 그리는 일은 다른
적임자가 많으리라.

건강에 이롭기로 소문난 SNS. 참 좋아해서 매일
본다. 덕분에 남의 말도 내 것 같고 낯선 삶이 너무
많다는 것도 알았다. 하마터면 두어 번 살았다. 여러
번째 삶인 것 같다. 지금까지의 기억을 가진 채 다시
살아 보고 싶었는데 이미 그러고 있는 꼴이다. 그
모든 능력을 갖추고도 일과 사랑, 건강은 기어이

놓치고 있다. 덕분에 요즘은 모든 증상, 사건, 감정에 호들갑을 떤다. 최근에는 의사 선생님들을 의심하는 걸 꾹 참고 있다. 내가 가짜로 아픈 거라니 다행이다.

「Inside No. 9」이라는 영국의 호러 코미디 드라마를 좋아한다. 시즌 7의 한 에피소드가 인상적이다. 이 쇼의 매력은 인물에게 아슬아슬하게 해결하지 못할 고난을 주는 것이다. 오랜만에 만난 동창 셋이 호수에서 오리배를 젓는다. 30년 만의 오붓한 만남은 애인을 덥석 데려온 친구 때문에 흐트러진다. 삶의 격차를 느끼며 서운해질 무렵 오리배는 너른 호수에서 물풀에 걸려 멈춘다. 육지는 멀고 밤은 깊고 물은 몹시 차가워 탈출할 수가 없다. 분위기는 험악해지고 한 친구의 열등감이 폭발한다.

"너희는 새 삶을 살고 있잖아. 난 여전히 1989년에 머물러 있어."

다른 친구가 달랜다. "걱정하지 마, 넌 아직 많은 걸 놓치지 않았어. 「왕좌의 게임」은 꽤 좋았지만, 결말을 망쳤잖아."

이 말은 보드랍고 포슬한 고양이 꼬리처럼

나를 치고 갔다. 위안이 된다. 그런데 이게 좋아도 망할 수 있으니 과정을 즐기라는 말이야, 아니면 결국 끝이 안 좋으면 다 끔찍해진다는 얘기야? 분명 드라마를 볼 때는 알 것 같았는데. 곱씹어 볼 수 있으니 좋은 말이겠지. 최선을 다해도 망칠 수 있고, 오프닝 음악이 아무리 아름다워도 팬이 만든 80년대 리믹스가 더 기억되기도 하고, 「왕좌의 게임」의 용들도 내 맘 같지 않고, 용들도 내가 맘 같지 않고.

공연 만드는 일을 하면 한 해 생활이 엉뚱하다. 공연을 계속하려면 제법 한가해야 하는데 그럼 생활할 수가 없다. 상황을 당장 바꿀 수 없으니 분위기라도 바꿔 보면 어떨까? 내 안의 가짜 예언자와도 잘 지내면 좋다. 긍정적인 표현 몇 개를 덧붙여서 인상을 바꿔 보자. 어떻게든 잘 써먹을 수 있을 거야. 폐허를 낭만으로. 저녁 안 먹기가 간헐적 단식이 되듯, 잘 씹어 먹다가 배부르면 수저 놓기를 이젠 직관적 식사라고 부르더군요. 스피노자는 몰라도 다이어트 트렌드만큼은 익숙하지. 그러고 보니 스피노자의 "비록 내일 지구의 종말이

온다고 하더라도 나는 오늘 한 그루의 사과나무를 심겠다."라는 말과 덴마크 다이어트의 공통점은 뭘까요? 둘 다 가짜지만 효과적인 구석도 있다는 점이죠.

만만찮은 시절에도 연극은 종종 본다. 어떤 연극의 시놉시스를 읽고 군침을 삼킨다. 포스터도 아름다워. 실제로 극장을 찾아가면 그만 못한 경우가 있다. 시놉시스에서 읽어 버린 아름다움은 다 어디로 갔지? 요즘은 사람들이 지나치게 요약과 포장을 잘하는 덕분인가. 너무 잘 해낸 나머지 거기서 맛보고 싶던 건 날아가 버리고 다른 맛과 향이 첨가된 걸까. 제로 요약의 시대. 하여간 달긴 달았는데. 그게 다 허상이라니. 스마트폰 게임의 가짜 광고 같기도 하다. 별점과 평을 보면 '광고와 달라요.'라고 말하니까.

물론 어떤 것도 있는 그대로를 드러내지는 않는다. 괴리가 커진다. 연극을 만들며 조심하는 부분은 이상과 현실의 괴리를 메우는 일이다. 머릿속에 두면 둘수록 꿈이 커진다. 빨리 글로 써서 창피해지면 좋다. 가능한 한 가볍게 쓰고 찬찬히 수정해 나가면 된다. 괴리를 줄이는 방식을 찾아가며 산다.

　잠시 흥. 흥터미션. 얼마 전 고약한 공연을 봤다. 흥분해서 나쁜 마음을 먹었다. 저 연출가가 망하면 좋겠다는 생각을 했다. 하지만 우리가 같은 업계에서 일하고 있다면 (여기는 망한 측면이 없다고 말하기 곤란하므로) 그는 여기서 망하고 더 좋은 곳으로 가는 거 아닐까. 고통으로부터의 해방. 저공 비행하며 좀처럼 떨어지지 않는 프리스비를 포기하고 편해진 동물처럼. 그럼 나는 그를 꺼리고 저주하면서 실은 돕는 셈이다. 그야말로 햄릿 3막 3장의 독백이 아닌가. 햄릿은 다양한 뉘앙스로 풍요롭게 번역되어 있으니 궁금하신 분은 찾아보시길! 햄릿은 유약하고 결국 죽는다. 어머니와 삼촌에게 고약한 관극 경험을 준 채로 말이다.

　관객이 원하는 곳으로 찾아가는 어느 방문 공연을 마치고 문득 깨닫는 일이 있었다. 왜 굳이 공연하고 싶은 걸까? 조금 별난 취미를 가졌기로서니 이례적인 삶을 살아야 하는 걸까?

이런 질문을 곧잘 하지만 일단 답은 얻었다. 공연할 때는 오로지 현재일 수 있다. 그래서 좋아한다. 나는 공연이 끝난 현실을 '사후 세계'라고 부르곤 했는데 이때 현실은 과거와 현재로 머리가 가득 차는 곳이다. 무대 위에서는 내가 몇 명이든 무엇이 되었든 현재를 가장 가깝게 느낄 수 있다. 괴리가 적다. 머리가 맑고 공연을 끝내는 것이 아쉽다. 실은 무대에서 집중하면서 딴청을 피우는 것이다. 극장 바깥을 생각하지 않는 건 내 쪽이었던 거다.

일본의 록 밴드 아마자라시의 노래 「빛, 재고」에는 이런 가사가 있다. '실은 손에 쥐고 싶은 것 따윈 없어. 계속 쫓아가고만 싶어. 더 설레게 해 줘. 죽을 때까지 달려 나가고 싶어.'

그저 이 상태를 유지하는 걸 목표로 하고 있다. 아주 큰 호수처럼. 고여 있으나 무수한 생태계가 펼쳐지는 곳에서. 2015년부터 죽지 않고 멈춰 있고 싶다는 생각을 오래 해 왔다. 어떤 의미로 꿈은 이루어진 것이다. 그러고 보니 「Inside No. 9」에서 오리배를 탄 사람들도 어떤 멈춤을 경험한다. 하지만 꿈을 이루어도 명이 남아 있다면 사람은 계속 살아간다.

2008년 국카스텐이 헬로루키에서 수상했을 때 나도 그 광경을 목격했다. 광나루에 있는 이름이 수시로 바뀌는 근사한 공연장에서. 지금 이름은 예스24 라이브홀이다. 국카스텐의 보컬 하현우 선생님께서는 당시에 "바라던 건 다 이루었고 계속 바라는 게 중요하다"라는 식으로 말했었다. 이후 십수 년을 엄청나게 근사하게 활동하고 계신다. 내게는 1집이 가장 아름다웠지만. 꼭 이렇게 마지막에 심술을 부리고 만다. 용서하길. 아니 용서하지 않기를. 하여간 무언가이길. 혼잣말하고 있으니까.

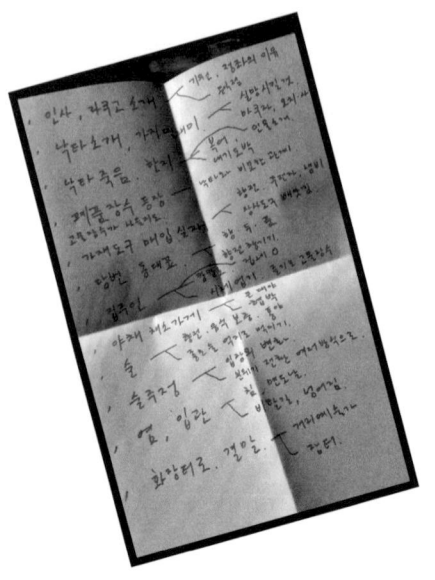

대본은 보통 이런 느낌.
언제나 위태로움을
유지할 수 있다.

3장

식당에서 만난 극장과 집에서 차린 식당

언젠가부터 식당이 극장과 무척 닮았다고 느낀다. 라멘 가게에서 아르바이트를 오래 해서 그런지도 모르겠다. 식당에서 일어나는 많은 일은 엔터테인먼트의 총체다. 같은 메뉴를 주문해도 만드는 사람의 기분에 따라, 재료에 따라 제법 차이가 나는 게 재미있다.

얼마 전에는 어머니의 손길을 강조하는 패스트푸드 체인에서 야구공만큼 양상추를 넣어 준 버거를 먹었다. 누가 강속구로 던져 넣은 모양새였는데, 재밌는 맛이었다. 다른 지점에서 한 번 더 주문해 봤는데 거기도 야구공만 했다. 같은 투수가 타 지점 연수를 온 것일까? 차후에 「양상추 야구」라는 희곡을 쓰게 된다면 여러분은 그 계기를 미리 알게 되셨다. 도가 지나치지 않다면야 조금 아쉬운 맛도 즐겁다.

SNS에 종종 식당 이름을 적으며 '극장에 다녀왔습니다.'하고 올린다. 양이 많은 걸로 유명한 단골 라멘 가게에 갈 때 특히 그렇다. 그날의 몸 상태에 따라 토핑을 조절할 수 있고 전부 먹으려면 궁리가 필요하다. 궁리해야 하니 꽤 난해한 공연을 본 셈이다. 식후 한 시간 정도 걸으며 몸에 남은 여운을 음미한다. 좋은 연극을 보고 나면 도무지 집에 돌아가기 싫을 때가 있으니 이와 닮았다고 주장해 본다.

    음식의 가격은 어떻게 정하는 걸까? 연극 티켓 가격을 책정하는 일은 매번 어렵다. 관객이 기분 좋게 낼 수 있으면서 내가 즐겁게 지속할 수 있어야 한다. 남는 게 있어야 지속할 수 있으니 관객은 소중하다. 얻는 것 없이 즐거운 일은 없지 않을까? 가격 책정이 곤란할 때는 식당을 생각한다. '비슷한 가격대의 좋아하는 식당에 가는 만큼 즐거움을 드려야 해.' 가끔 대단한 팬이 나타나 내 연극을 벌크로 잔뜩 사 갔으면 좋겠다고 망상하지만 그런 일은 없다. 그나마 찾아 주시는 분이 서운하지 않도록 노력하는 게 최선이다. 하던 것을 제대로 해! 무언가 볼 마음의 여유가 없을 때는 식당만 한 극장이 없다. 자영업이 위기인 시절이라 부쩍 극장이 없어지고 있어서 슬프다.

    집 가까운 외식이라면 저렴한 한식 뷔페에 가는 편이다. 든든히 먹고 하루를 잘 보내려고 간 풍년식당에는 사정이 있어 이번 달까지만 영업한다는 문구가 걸려 있었다. 한 편에 9000원. 호들호들 부드러운 애호박과 양배추가 듬뿍 들어간 카레를 천천히 오래 씹었다. 카레와 같은 재료가 고대로 들어가서 더 재미있는 소고기뭇국도 맛(염분)이 진하다. 밥이 자신을 곁들이기를 재촉한다. 여기는 모든 메뉴가 주장(염분)이 강해서 공연 시간은 짧다. 물을 많이 마시고 나선다. 속상한 마음에 집에 들어와 한 시간을 누워 있었다. 깨어나니 다시 두려운 마음이 들어 물 10킬로그램이 든 가방을 안고 스쿼트를 했다. 물이 최고다.

지난달에 없어진 우체국 구내식당도 참 좋아하던 극장이었다. 사장님 혼자 씩씩하게 수년간 영업하셨다. 한 편에 7000원. 사장님이 당 수치를 관리하고 계셔서 손님들도 조심하라는 의미로 반찬의 간이 슴슴한 편이다. 혼자 일하시니 모든 손님이 친구나 다름없어 펼치는 풍부한 수다도 묘미였다. 월요일과 화요일에 좋아하는 반찬이 많이 나와서 주로 찾았다. 목요일에는 뼈해장국처럼 손을 흥건하게 적셔야 하는 참여형 반찬이 나오기 때문에 피했다. 쌈 채소가 비쌀 때는 삶은 양배추가 나와서 좋았다.

    이 극장에선 사건이 많았다. 쌈 채소에 물이 많아 털다가 바닥이 흥건해져 혼쭐이 나기도 했고, 계좌이체를 한 척 대량의 반찬을 들고 간 도둑을 잡으러 뛰다가 놓치기도 했고, 공식적으론 제공하지 않는 커피믹스를 첩보원처럼 건네주는 사장님과 함께 음흉한 표정을 짓기도 했다. 당 수치 관리 중에도 커피믹스 하나쯤은 먹어도 좋다고 하셨다. 중요한 건 두 개 먹지 않는 것.

    오랜 영업을 마치고 계약 연장을 하지 않으신다기에 이유를 여쭀다. '어디에 있어도 삶이라는 게 계속 새로운 도전이지.' 계약 종료 전에 또 오라셔서 찾아갔는데, 사장님의 컨디션 난조로 예정보다 일찍 종료했다는 문구가 적혀 있었다. 건강하시길.

    여전히 위세를 떨치는 곳은 동네 도서관 식당이다. 한 편에 8000원. 훤칠한 근육질의 중년 사장님이 나긋나긋한 목소리로 남기지 않고 맛있게 드시니 무척 감사하다고 테이블마다 인사해 주신다. 인사를 근사한 향신료 삼아 식사하기 좋다. 떡볶이와 고구마튀김이 매번 나오기에 극장을 나서면 단잠에 들기 쉬우니 조심. 유명해지는 바람에 오전에 가면 대기 줄이 도서관 이용객보다 많다. 등산객, 교회 모임 사람들, 근처 병원과 인근 역 철도 공사 직원분들이 모인 덕이다. 가끔 공원에서 사장님을 만나기도 한다. 벤치를 벗 삼아 혹독한 근육 훈련을 하고 계셔서 마치 아이돌의 보이지 않는 노력을 떠오르게 한다.

그러고 보니, 좋아하는 라멘 가게 옆에 있던 카페가 그리운 기억으로 남아 있다. 한 편에 6000원. 내 입에 완벽한 크림라테를 파는 곳이었다. 구성의 아름다움에 한참 황홀하다가 문득 이런 연극을 만드는 걸 앞으로의 과제로 삼을 정도였다. 단순하지만 정확해서 좋았다. 차게 먹지만 얼음이 들어가 있지 않은 크림라테. 그래서 첫입과 마지막 입이 동일하다. 커피에 문외한이니 모르지만 어떤 장르일 것 같은데 파는 곳이 별로 없다. 인근 유명 카페에서 비슷한 메뉴를 마셔 보았는데 훨씬 연했다. 대안으로 자주 가게 되었지만 마실 때마다 분한 마음이 더하다.

당시 카페 인테리어를 보며 끄적인 짧은 이야기 하나를 소개하고 싶다. 이런 짧은 이야기는 어디

소개하기 어렵기 때문이다. 가끔 꺼내 읽으면 조금 즐겁다. 집에서 챙겨온 당근 스틱 한두 개처럼.

카페 진열장 위에 놋쇠 에펠탑 세 개가 일정한 거리를 두고 서 있다. 길이는 조금씩 다르다. 카페 사장님은 "세 탑의 길이는 같아. 조금 더 가까이 가서 볼래?"라고 말하는 게 버릇이었다. 가까이 가면 세 탑은 어김없이 자신들의 키를 맞춘다. 그렇다면 시차는 언제 어떻게 발생하는가? 다가가는 동안? 아니면 다가서 바라볼 때? 왜 이런 일이 일어날까? 어느 날 아이에게 다가가 상냥하게 말하는 사장님을 보았다. "나는 본디 강력한 마법사였단다. 하지만 이 마법만이 남았구나. 조금 더 가까이 가서 보렴." 아이는 말한다. "어……. 제게 눈높이를 맞추려고 하지 마세요."

허전해서 카페 인스타그램 계정을 살펴보았는데, 하여간 잘 지내고 계신 것 같았다. 그럼 제일이다.

여기까지 외식 기행을 늘어놓아 퍽 조심스러운

마음이지만, 혼자 집에서 조용히 세워졌다가 사라지는 극장에 관해 말하고 싶다. 언제나 극장에 찾아다닐 수는 없다. 집에서 차려 먹는 일이 더 많아야 할 터. 사라지는 곳이 늘어나는 건 아쉽지만 수신제가치국평천하를 만트라처럼 외우면서 요리하는 시간도 소중하다. 한 편에 얼마인지는 알 수 없다. 그런 걸 재는 사람은 그걸 공연 삼아 돈을 번다. 나만을 위한 식사를 차리며 자기만을 위한 공연을 만드는 사람을 상상한다. 앞으로 소개한 희곡은 어쩌면 집에서밖에 만들 수 없는 사람을 생각하며 썼다. 이걸 누가 원하는지 몰라서 그저 집에서 만들고 마는 사람.

「염가 아우스벨렌」은 2022년 김민지 작가의 신작 영상 작품을 위해 쓰였다. 공연을 거듭 연습하는 공연자의 시간성에 관한 작품이었다. 연습하는 모습이 중요했기에 텍스트는 재량껏 맘껏 쓰게 해 주셨다. 촬영은 공연장으로 운영되고 있는 옛 교회 건물이다. 세로로 길게 난 창이 시시각각 방향과 색을 바꾸며 시간의 흐름을 알려 준다. 카메라 앞에서 나는 갓 완성한 대본을 들고 있다.

작가의 머릿속에 작품이 다 들어 있다는 말은 믿어 본 적이 없다. 종이에 적힌 말은 내가 썼지만 새로운 발견으로 가득하다. 익히려고 안간힘을 쓰고, 촬영은 몇 번씩 시간의 흐름과 함께 이루어진다. 머릿속에서 도무지 되살아나지 않아 곁눈질로 아니면 노골적으로 대본을 살피기도 하고, 같은 장면을 반복하는 동안 서서히 익숙해져서 자연스러워지는 장면도 있다. 정직하게 흘러가는 현실 시간 속에서 머릿속 세계는 이상적인 공연에 도달하기 위해 반복된다.

　이런 제안을 받으면 의뢰해 주신 작가님의 흥미나 취향, 방향성에 대해 이야기 나누고 키워드를 찾아본 다음 희곡을 쓰기 시작한다. 이전에 작가님께서 SF 시를 시인 분들께 청탁하는 기획을 진행하셨다기에 평소보다 더 환상적이고 어두운 감각을 가지고 시작했다. 무언가를 연습할 수 있다는 건 멋진 일이다. 삶은 그 자신도 그렇지만, 연습할 수 없는 일이 너무나 많다.

　「염가 아우스벨렌」에서 염가는 아주 저렴한 가격이라는 뜻이다. 아우스벨렌(Auswählen)은 선별하다는 의미의 독일어로 만화 『블리치』에

등장하는 능력 이름이다. 초월적인 존재인 유하바하가 수하들에게 자유롭게 힘을 부여했다가 도로 빼앗는 능력이다. 우리의 어떤 영감이나 재능 역시 신이 내린 거라면, 다시 빼앗기기도 하리라는 생각에 붙인 제목이다. 몇 행으로 이루어진 간략한 이야기를 먼저 썼다.

    친구가 요즘 좋아 보여서 비결을 물으니
    자신의 연극을 사랑해 주는 사람이 있다고 했다
    대단한 팬으로 요즘은 공연이 잦아서 기쁘다고 했다
    나는 최근에 친구의 공연을 본 적이 없다

    연극을 만들어서 가져가면 무게를 재서 관람료를 지불한다는데
    그게 제법 넉넉한 모양이다
    어느 날은 무심코 너무 많다고 했더니
    염가로 가져가서 죄송스럽다고 했다

    친구는 최근에 실패하는 명상으로 연극을 만들고 있다고 했다

브래드피트 브래드피트 만트라를 외우며

믿는다 들어간다 깊은 곳으로 이해한다 눕는다

명상이 스트레스를 주면 좋다 자신과 싸우려고 할 때 자신을 흘려보내지 못하는 게 좋다

몸 곳곳을 스캔하면 아프다 조금도 편안하지 않다 아픈 몸을 가졌다는 걸 새삼 알게 된다

알람이 울릴 거라는 기대감이 명상을 방해하는 걸 바라보는 게 좋다

떠나가지 않은 생각은 그날 밤 악몽으로 승격한다

잠깐 다녀올게 건강히 잘 있어

나의 친구는 그렇게 다녀온다

심해 잠수부처럼 깊은 곳으로 들어갔다가 자기만 아는 아름다움을 실컷 먹고 온다

자기복제면 뭐 어때 그걸 보고 싶어 한단 말이야

어릴 때 일진이 내 연극을 재밌어해서 계속 시켰던 기억이 난다

안 해주니까 너무 서운해하던 생각이 난다

연극을 보는 관객은 너무 다양해서 알 수가 없다
그들에게도 유행이 있다

제사도 연극이다 한 명의 관객만 들인다면
나머지 객석에는 유령 관객들이 앉아서

정말 영혼을 사 가시나요 아니오 연극을 사
갑니다

우리도 여기 발 딛고 있으니 영혼은 볼 수도 들을
수도 없어요

당신들이라도 사랑하니 되었습니다

많은 희곡이 쪽글에서부터 서서히 돋아난다.
혼자 공연하는 편이라 등장인물의 이름을 직접
언급하는 일은 거의 없다. 그래도 구분을 위해,
분위기에 맞는 이름을 지어 넣는다. '태인'의 경우엔
어떤 풍경을 목격해야 한다는 점에서 눈 건강
영양제인 '루테인'에서 따왔다. '해도'의 경우엔 어떤
세계로 가라앉아야 하기에, 무사히 돌아오기를
바라는 마음으로 이름에 지도를 쥐어주었다. 이런
식의 해설은 독자나 관객에겐 김 새는 일일 수 있다.

그래서 대개는 혼자 생각하고 조용히 흡족해하고 만다. 이름이 주어지니 이제 이야기를 상상하기가 더 수월해진다. 쓰고 싶은 부분을 부풀려 가면서, 풍선덩굴이 빠르게 정원을 메우듯이 키워 간다.

염가 아우스벨렌

태인
해도
대단한 팬

하루의 낮부터 밤까지

1. 홍보

태인   한동안 침울해하던 친구가 요즘 좋아 보인다. 비결을 물으니 자신의 연극을 사랑해 주는 팬이 있다고 했다. 대단한 팬으로 덕분에 요즘은 공연을 자주 많이 할 수 있어서 기쁘다고 했다. (사이) 나는 최근에 친구의 공연을 본 적이 없다. 공연은 자기 집에서 하고 있다고 한다.

해도 아아, 한시절 완전히 텅 비어 있었지. 실은 아주 오래전부터 할 수 있는 게 없었어. 손이 아주 멈춰 버렸어. 생각은 하는데, 생각은 싫어도 하는 거니까. 내가 하는 생각이 꼭 내가 하고 싶은 말은 아니잖아. 하고 싶은 말. 이제 다 끌어다 썼어. 옛날 사람들이 지독한 우울감에 빠져 쓴 고전들. 어릴 적 일기, 몰래 쓰던 블로그, 메모, 옛날에 만든 이야기, 더 멋진 것으로 거듭날 수 있었던 거친 아이디어. 그건 점점 옛날로 가면서 하나의 회고전이 되었지. 선물 받은 일기장에 써 둔 글. 녹음해 둔 꿈, 죽은 친구를 회상하기, 추모하기, 급기야는 나 자신의 꾸며 내지 않은 이야기, 가혹한 현재와 잘 말할 수 없는 미래.

태인 연극을 만들어서 보여 주면 무게를 재서 관람료를 지불한다는데 그게 제법 넉넉한 모양이다. 어느 날은 무심코 너무 많이 주신다고 했더니, 도리어 염가로 가져가서 죄송스럽다고 했단다. 많을수록 좋지. 아무리 많아도 부족한데. 그런데 누가? 누가 그런 일을 하지?

태인 응?

해도 응? 헤헤. 헤.

태인 말 안 해 줄 거야? (팬에 관한 스무고개를 해 보지만 모호하다.) 그럼 넌 괜찮은 거야?

해도 진작 괜찮았어. 비어 있는 사람은 하고 싶은 것도 없습니다~ 텅! 이게 나아. 솟아오르면 써 버리고 또 솟아오르면 써 버리고. 너, 너어는 집에 있는 책도

다 못 읽었잖아. 나는 그런 일 없어.
남겨 둔 것에 대한 슬픔, 괴로움 그런
거. 오히려 더 또렷해졌어. 이제는
작품만 생각하면 돼. 공감은 요구하지
않아도 돼. 그냥 하면 돼. 남들이
너희들끼리 놀라고 하면 우리끼리
놀아도 돼. 그게 더 좋잖아.

태인   내가 무척 좋아했던 친구의 눈이
이상한 빛으로 반짝이는 걸 봤다.
그래도 뭔가 그러면 안 되는 거
아니야? 새로운 관객층을 계속 만들어
가고 그런 거 해야 하는 거 아니야?
이 업계에서 외연을 넓히고 내연을
넓히고?

해도   단 한 명의 관객을 두고도 공연을
하는 게 우리다. 그런 얘기 했었지. 그
'우리'도 이제는 다 지쳤잖아. 너까지
(사이) 이제 안 하잖아. 내가 진짜
값지다고 생각하면 관객은 한 명도

없어도 상관없잖아. 사람들과 만나고 싶어서, 더 많이 보여 주고 싶어서, 더 잘하고 싶어서. 우리는 우리가 비난하던 모든 일을 했지.

태인 무대 위에서?

해도 그리고 무대를 위해서. 눈치를 잔뜩 보면서 말야. (하지만 이젠 퍽 유! 퍽 유우우우우!)

태인 오, 그러셔. 무섭네~

해도 이제는 마음을 써 주는 팬이 있으니 즐겁습니다~

2. 예매

태인 나한테는 안 보여 줄 거야?

해도 그럴 리가. 언제든 보러 와. 다만

너는 이제 극장을 찾지 않는 사람이 됐지. 너는 멀리서 응원해 주는 고마운 사람이야. 아주 멀리서. '신은 어디에나 있지 않으니'

태인 아 그거 다음이 뭐였지.

해도 네가 썼던 건데. 이제는 정말 멀어졌구나. '신은 어디에나 있지 않으니 알맞은 성전을 찾지 못하면 기도에 응답하지 않으리. 성전은 돌무더기 아래의 통통한 벌레의 줄무늬에 있고, 가시덤불에 떨어진 눈썹 한 가닥에 있으며……'

태인 '백 번 접은 편지의 끄트머리에 있다.' 그걸 아직 기억하는구나. 또 공연하면 꼭 알려 줘.

해도 오늘 저녁에도 하는데. 우리 집으로 와. 졸리면 자도 되고. 진짜로.

태인   친구들의 공연을 안 본 지 오래되었다.
 너무 슬펐기 때문이다. 우리는 잠시
 산책을 했다. 예전에 함께 조명을
 고르고 천을 떼던 하천을 걸었다.
 예전에 재단에서 공연예술인의 정신
 건강을 위한 걷기 명상 클래스를
 진행한 적이 있다. 우리는 그때
 가까워졌다가 자연스럽게 멀어졌다.
 우리는 머리로 친해지기 전에 무릎
 아래로 친해졌다고 종종 말하곤 했다.
 가을 숲이 무척 바스락거렸는데,
 서로의 발자국이 어쩐지 신경 쓰였다.
 친구는 최근 부쩍 그때를 떠올린다고
 했다. 실패하는 명상으로 연극을
 만들고 있다고 했다. 실패해서 얻게
 되는 것도 있다고 했지. 그렇지만
 실패하지 않은 적은? 정말 마음을
 내려놓고 편안했던 적은 있어?

해도   수플레 팬케이크를 먹었을 때,
 그 생명이 다 하고 남은 껍질에서

비린내가 안 날 때. 공항에서 탑승구랑 떨어진 한적한 의자에서 충전할 때. 극장에 물을 뿌리며 조명기에 빛나는 먼지를 볼 때.

태인　오늘 공연하려면 먼저 들어가서 준비해야겠네. 이따 저녁에 봐. 잠시 달렸다. 좋아하는 배우의 이름 중에 어떤 게 달릴 때 리듬감 있게 들릴까? 우리는 걷기 명상을 하고 돌아오던 날 이런 얘기를 했다. 브래드 피트라고 결론 내렸었다. 브래드 피트 브래드 피트.

3. 관람

태인　브래드 피트 브래드 피트 만트라를 외우며 다른 시간과 공간으로, 저녁. 친구의 집으로. 빈 무대를 살펴보고, 빈 객석으로. 다른 몸으로, 다른 (짧은 사이), 다른 (사이), 다른 (긴 사이). 믿는다.

들어간다. 깊은 곳으로. 이해한다.
친구는 자기 방에 극장을 차려 두었다.
그럼 누가 찾아오지? 극장이 아니던
시절 내가 찾아왔고, 극장이 되어 내가
찾아왔고. 그리고

해도   잠깐 다녀올게. 건강히 잘 보고 있어.

태인   나의 친구는 그렇게 깊이 가라앉는다.
물에 잠긴다. 다녀온다. 심해
잠수부처럼 깊은 곳으로 들어갔다가
자기만 아는 아름다움을 실컷 먹고 올
것이다. 나는 그 표면의 기포를 본다.

무대 위에서 짧은 콩트가 시작된다.

해도   명상합시다. 명상이라는 행위가
스트레스를 주면 좋습니다. 자신과
싸우려고 할 때 자신을 흘려보내지
못하는 게 좋습니다. 몸 곳곳을
스캔하면 아픕니다. 조금도 편안하지

않습니다. 아픈 몸을 가졌다는 걸
새삼 알게 됩니다. 알람이 울릴
거라는 기대감이 명상을 방해하는 걸
바라보는 게 좋습니다. 떠나가지 않은
생각은 그날 밤 악몽으로 승격합니다.

해도 딴생각하느라 명상하는 데 집중을 못
하고 있다. 많은 것이 늦어졌다. 모두가
떠나고 남겨졌다고 생각했다. 모두가
오르는데 떨어졌다고 생각했다.
아직 늦지 않았다. 늦었다. 늦었고 잘
싸우지 못했다. 패배했다. 죽었는데
아무도 데리러 오지 않는다. 쉰 목소리.
헬로우. 이즈 애니바디 데어? 복도를
걷는다. 기이이인 복도를 걷는다.
간신히 손에 쥔 것은 반드시 흩어진다.
풍경이 어찌나 반투명하게 보이던지,
그 뒤에 관객이 비추어 보인다. 식사는
이윽고 먹는 시늉이 되고 기호가 된다.
크게 먹어야 먹는 것처럼 보인다.

무언가 먹는 마임이 점점 간단하고 추상적인 동작으로 변한다.

4. 관객과의 대화

태인　　한쪽 구석에서 잠시 눈을 감았다. 요즘은 뭘 봐도 잔다. 그럼 또 다른 세계가 눈앞에. 눈꺼풀 뒤에 있다. 꿈이 가만히 상영된다. 정말 편안한 순간을 찾는 건 힘들다.

대단한 팬　　(태인을 톡톡 건드리며) 야망이 있네요? 무대를 바라보다가 눈꺼풀 안의 무대도 바라보고 있으니까요. 한 가지만 즐기기엔 어려운 시절이 되었습니다. 하지만 저는 아주 좋아해요. 해도님의 연극. 매일 계속 돌아갔으면 좋겠어요.

태인　　당신은……. 제 소중한 친구의 영혼을 사 가시나요?

대단한 팬   아니요. 연극을 사 갑니다. 새로운 연극을 만들어 내면 그걸 채굴하는 거죠. 훨씬 무궁무진해요. 공연비도 잘 드리고 있고요. 우리는 똑같은 관객이니까, 미안하지만 깜짝 놀랄 만한 마지막 트위스트는 없습니다. 우리는 자연스러운 대화와 함께 조용히 멀어지게 될 거예요. 각자의 집으로 돌아갈 겁니다.

태인   그렇게 계속 돌아가면서……. 영혼이 닳아 버리는 건 아닌가요? 정말 괜찮은가요?

대단한 팬   저도 여기 발 딛고 있어요. 영혼을 본 적은 없으니까. 듣거나 느끼거나 만질 수도 없어요. 그게 닳아 버리는지는 잘 모르죠. 내가 볼 수 있는 것에만 가치를 매길 겁니다. 당신이 마음이 꺾여 다시 돌이킬 수 없더라도, 그 접힌 면을 볼 수 없듯.

태인   그러면, 그럼.

잠에서 깬다. 헛헛한 박수를 치는 태인

해도   고마워. 예전에 했던 거랑 별로 다르지 않지? 자기 복제면 뭐 어때? 누군가는 그걸 보고 싶어 한단 말이야. 나도 계속 같은 말을 하고 싶단 말이야. 더 다채롭게. 낯설고 인상적으로.

태인   (누군가 앉아 있던 자리를 보며) 당신이라도 사랑하니 되었습니다, 라고 속으로 말했다. 빈 극장에 친구를 남겨 두고 일어섰다. 보이지 않는 객석에 보이지 않는 관객이 가득했다. 집으로 돌아가는 새벽에 신께 기도했다. 밤마다 자기 방에서 연극을 만드는 사람들을 위해. 그러나 그걸 정말 누가 듣는지는 모를 일이다.

막

희곡을 쓰려고 아이디어를 모으던 중에
가상화폐 채굴 작업장에 관한 뉴스를 봤다. 막대한
양의 고성능 그래픽카드가 화면을 출력하는 게
아니라 계산기 역할을 한다는 점, 또 채굴한다는
표현이 인상적이었다. 원리는 전혀 다르지만
작은 빛이 넓은 회로를 샅샅이 뒤지면서 무언가
이로운 걸 발견하는 모습이 떠오른다. 창작하는
일도 굴을 파는 것 같다. 자기 안으로 뛰어들어
침잠하는 일. 뭐가 나올지는 모르지만 하여간 캐낸
것만으로 요리하고 생활을 일구는 일. 영 내키지
않거나 쓸모를 모르는 걸 캐내기도 하겠지. 그걸
누군가가 홀랑 가져가려고 하면 어떤 기분일까?
꺼림칙하지만 조금 기쁘려나. 부정적인 뉴스에서도
무심코 아이디어를 궁리하고 만다.

　　'키친 테이블 라이팅'이라는 표현이 유행한
적이 있다. 여전히 근사한 표현이라고 생각한다.
어쩐지 깊은 밤 어둑한 조명 아래에서 고요하게
글을 쓰는 사람이 떠오른다. 부엌에서 만들어진
거라면, 이 또한 훌륭한 음식이 아닌가. 그는 오로지
자신을 위해 글을 쓴다고 생각하지만 그렇지 않을
수도 있다. 그렇지 않을 수도 있다는 생각이 조금

더, 조금만 더 무언가 만들고 싶게 하는 거 아닐까?
혼자 뚝딱이고 있다고 생각했는데, 어느새 당신도
여기까지 읽고 있다. 입에는 맞으신가요? 대답을
듣기 전에 지레 긴장한다. 재밌는 맛이면 좋을 텐데.
그건 맛있는 맛과는 거리가 있지만 재미있으니까.
양상추 야구공보다도 조금 나으면 좋겠다.

김민지 작가님의 작품으로서
「염가 아우스벨렌」을 연습하다.

우체국 식당
주간 공연표

4장

모르는 걸 모른 채 두기

누군가 어떤 비밀을 고백하려고 할 때 잘 듣지 않는 편이다. 보통 이런 농담을 늘어놓곤 한다. "혹시 당신의 비밀을 알아내기 위해 저를 사로잡으려는 사람들이 있을지도 몰라요. 저는 잘 달리지도 못하니까 금방 잡히겠죠. 겁이 나니까 조금만 으르렁대도 다 털어놓고 말 거예요. 그럴 바에는 아예 모르는 편이 낫죠." 생각해 보면 모른다고 발뺌할수록 호된 꼴을 당하고 말 텐데. 그래도 비밀은 신비로 남는다.

　종종 어떻게 이야기를 만드냐는 질문을 듣는다. 뭘 알아서 해내는 건 아니므로 이런 물음에는 식은땀이 난다. 어떻게 이렇게 10년간 해냈지? 놀라울 지경이다. 상대방이 실망하면 어쩌지? 내 얘기를 듣고 "피, 그게 뭐야."라고 말하면 울적해지려나? 그것도 다 제 토실한 자의식이겠지요, 라고 말해서 상대를 한 번 더 실망시키지 않으려는 방패를 펼치지만 별다를 게 없다. 정말 별다른 게 없다. 어느 날 갑자기 제목이 떠오르고 거기에 사족을 붙인다. 마감이야말로 예술가이고 나는 그저 주워 담는 그릇이니 손이 멈출 때까지 담는다. 메모를 잔뜩 하고 가끔 읽어 본다. 몇 개의 아이디어가 별자리처럼 이어지는 듯 보이면 계속 이어 본다. 누더기 내지는 패치워크를 만들다 보면 갑자기 마음이 편해진다. 동아리방의 침대처럼. 꺼림칙할 법하지만 누워 있으면 편안한 구석이 있는 만듦새가 된다.

아는 얘기보다는 모르는 얘기를 쓰는 게 즐겁다. 공연 예술에서 제시하는 고민은 대개 현실의 고민과 겹쳐 있기 때문이다. 그래서 연극이 내키지 않는 사람도 있을 거라고 생각한다. 극장에 와서까지 고민을 함께해야 한다니 지칠 수 있다. 주거, 방랑, 청년, 중년, 장년, 자립, 고립, 도시살이, 시골살이, 가족 갈등, 가족 화목, 연애, 안 연애, 고독사, 등등. 지금으로선 아무것도 알고 싶지 않네.

공연은 끝이 있는 엔터테인먼트이기에 어떻게든 봉합이 되지만 현실은 꽤 무섭다. 가끔 봉합을 안 하는 작품도 있는데 그래도 그들은 우리 세계와 닮은 다른 세계의 인물이니까 다행스럽다. 어떤 연극은 보고 난 다음 날 아침에 무시무시한 악몽을 꾸기도 한다. 잠에서 깬 채로 천장을 바라보며 맑은 정신으로 꾸는 악몽이다. '이제 어떻게 살면 좋지?' 그래서인지 뭐가 뭔지 모를

이야기를 훨씬 좋아한다. 그저 어린 시절부터의
취향일지도 모르지만.

    2023년에 「침묵하는 것만이 그를 사랑하는
방법이라는 게 분하다」라는 공연을 했다. 제목이
시가 되고 공연이 그 주석이 된다면 좋겠다는
마음으로 만들었다. 여섯 부분으로 나누어진
이야기였는데 그중에서 '고무 정원' 부분을
소개하고 싶다. 친구들과 줌으로 글쓰기 모임을
하는 세 시간 동안 완성했다. 내 데스크톱
컴퓨터에서 고개를 왼쪽으로 돌리면 귀여운 소품을
책장 선반에 늘어놓았다. 키위 브랜드에서 나온
캐릭터 피규어, 자전거를 탄 패스트푸드 마스코트,
백악관 모양의 태엽 인형, 몇 개의 고무줄과 지우개
조각, 풍선덩굴의 하트 모양 씨앗, 몽블랑으로
만들어진 강아지, 장인이 종이접기로 만든 방울이
달린 작은 복주머니, 태국에서 온 코끼리 열쇠고리,
친구가 선물한 돌이 있다. 그 옆에 놓인 고무줄을
바라보다가 썼다.

    고무 정원에 대해 알고 있는 사람은 적다. 이것은

아름답지도 않고 좀처럼 만날 수도 없다. 하지만 당신이 그걸 시도하고 싶다면 얼마든지 가꿀 수 있다. 고무 정원의 기원은 알려지지 않았다. 아마 고무줄과 지우개가 발명된 다음이리라. 실은 고무가 아니어도 되기에 더욱 알 수 없다. 그리고 이걸 떠올린 사람은 자신이 발명했다고 느끼기 어렵기에 자신이 고무 정원의 시초라고 주장하지 않는다. 내가 이걸 상상해 보라고 하면 여러분은 손쉽게 상상할 것이다. 하지만 그러면 상상 속 정원이 되기에 권하지 않겠다. 상상 속 정원은 좀 더 좋은 곳이기를 바라는 마음이다. 여러분은 상상하지 않아도 바로 실천할 수 있다.

  내 손에는 고무줄이 하나 있다. 크기는 상관이 없지만, 둘레가 엄지 한 마디 정도의 작은 고무줄이다. 거기에 동그랗고 뭉쳐 잿빛이 된 지우개 가루가 놓여 있다. 이것은 돌이다. 혹은 강이나 나무다. 모양은 자유롭게 만들면 된다.

  이것은 당신이 어떤 공간에 있건 초록이나 자연을 채워 주지 않는다. 하지만 존재감을 드러낸다. 당신은 이걸 쉽게 흩트릴 수 없을 것이다. 그뿐 아니라 계속 바라보게 될 것이다. 이건 조금도 멋지거나 예쁘거나 상상력을 자극하지 않는다.

하지만 버릴 수 없다. 시간이 지나면 지날수록 버릴 수 없게 될 거다. 당신에게 가장 오래 남는 풍경이 된다. 하지만 죽은 뒤에 함께 묻어 달라고 하기에는 애매하다. 그리고 여기서 휴식을 하고 싶다는 생각도 하지 않는다. 지우개 돌을 정원 여기저기에 옮겨 보기도 할 테지만, 어디서 봐도 전모가 잘 보일 것이다. 당신은 이곳의 모든 걸 가졌다.

　　무용하고 볼품없으며 신경만 자꾸 쓰인다는 점에서 무척 훌륭하다. 발명도 발견도 아니라는 점에서 알쏭달쏭하다. 친구를 집으로 초대해 소개할 수 있는 것 중에 제법 허망한 축에 드는 것이리라. 하지만 작으므로 그냥 두어도, 심지어 실제 정원에 두어도 모나지 않는다. 바라보기만 해도 스트레스가 쌓이지 않는다. 뇌에 어떤 영양분도 아니라는 점에서 이것은 평화롭다.

　　물론 무언가를 강제하는 것이 아니기에 당신은 고약한 행정가나 건설업자가 되기도 한다. 순식간에 철거 명령을 내리고 실행할 수도 있다. 이것 근처에 먼저 발굴된 유적이나, 건설 인부들의 임금 체납 문제가 있지는 않을 것이다. (있다면 부디 의로운 이가 승리하기를.)

고무 정원에 힘이 있다면 좋으련만! 그런 건 없다. 그저 이걸 고무 정원이라고 부르는 당신의 의지, 당신의 비위가 이 공간을 규정한다.

그리고 우린 그걸

예술이라고 부르기로

한 적은 없다.

이상하지. 이후에 고무 정원의 분파가 생겼다고 들었다. 코르크 티 코스터 파가 갈라져 나왔다는 이야기를 들었다. 시조가 없는데 분파가 생겨난다는 점에서 기독교나 불교보다 원시적인가. 혹은 미래적인가? 시간에 관해 생각해 본다. 시간은 소모되기만 한다는 점에서 담백하다. 오로지 과거만이 느끼하고 부대낀다. 끈적거리고 흉 진다. 진짜 최악이야.

코르크 티 코스터 파는 고무줄 대신 코르크 티 코스터를 쓴다. 그리고 지우개 가루가 아니라 코르크 티 코스터에 올릴 수 있는 모든 걸 사용한다. 바늘과 로즈메리 잎, 고수 씨, 헌 리본, 아주 작은 병에 든 별사탕 같은 것들 말이다. 무엇이든 할 수 있다는 점에서 아름다움과 지독하게 가까이 갈 수 있게 되었고 그래서 격차가 생겨난다.

상상의 격차가 무서운 것이다. 빠르게 시무룩해진다. 어쩐지 자꾸 섭섭하고 허전하게 느껴진다. 고무 정원은 오롯이 변함없이 그 자리를 지킨다. 하지만 코르크 티 코스터 파로 돌아서면 쉽게 돌아갈 수 없게 된다. 이제 아름다움 따위를 추구하게 되기 때문이다. 한낱 아름다움 따위를. 계속 말하고 싶다.

너무 속상해서 마음속 과거 이력을 검색해 보았다. 마음을 달래 줄 과거가 있나? 마음속 검색 엔진은 속상함을 씻어 줄 기록이 0건 나왔다고 알렸다. 나를 지켜 줄 수 있는 기억이 아무것도 없는 것이다. 내겐 저축이 없다. 감정적, 경험적 저축도 중요한 것인데 그걸 간과하고 살았다. 근데 저축이 없다고 후회하는 것만큼 생산성이 떨어지는 일도 없다. 없나? 분명 있을 테지만 거기에 대해 생각하는 것만큼 생산성이 떨어지는 일도 없다. 없나? 분명 있을 테지만 지금 용기 있게 굴레를 끊고 다음으로 나아가자.

고무 정원은 아름답지 않고도 우리의 삶을 윤택하게 만들어 주는 강력한 도구로 자리 잡았다고 누가 말한 적은 없으나 어쩌면 그럴지도 모른다는

예감을 가져다주는 일도 빈번히 있다는 사람의
말은 들어 본 적이 없다. 그저 솟아나는 어떤 마음을
클레이 사격처럼 차분하게 쏘아 떨어뜨리고 깨진
접시를 삭 치워 갈 뿐이다. 자랑해 보자. 내게는 고무
정원이 있노라고. 아무도 사용하지 않는데 존재하는
언어처럼 있노라고. 혹은 소멸한 어떤 언어의 전모가
갑자기 머릿속에 들어와서 자연스럽게 사용할 수
있게 되었다고.

    자랑할 사람이 없나요? 그럼 일기에 적어 두면
되죠. 일기에 적어 두면 자연스럽게 미래의 내가 읽고
부러워할 것이다. 지난 일기 따위를 들춰 보는 미래의
나 따위라면 분명 지금의 나보다 곤궁하고 취약하고
외로울 것이기 때문이다. 그럼 당신은 또 나 좋은
일을 하고 말았네요. 잘 됐다. 남 좋은 일은 이미 많이
했으니까 가끔은 괜찮다.

    코르크 티 코스터 파는 이후 새로운 분파로
나누어진다. 파티클보드를 이용하는 더 큰
정원사들과 헝겊이나 세라믹 코스터를 사용하는
정원사들 그리고 나는 개인적으로 이들을 가장
마음에 들어 하는데 엄격하게 코스터 위에 찻잔만
올려놓는 정원사들이 있다. 그들은 코스터에

번지는 액체의 동그랗고 불규칙한 스며듦을 자신의 정원으로 받아들인 사람들이다.

    그건 일상적으로 차를 마시는 사람들에게 일어나는 일이다. 그래서 양상은 조금 더 복잡해진다. 여러분은 카쿠레키리시탄을 알고 계신가요? 이 정원사들은 일본의 독자적인 기독교 형태인 카쿠레키리시탄과 닮았다. 이들은 절 뒤에 비밀 사당을 짓는다. 그 뒤에 성모상을 숨겨 둔다. 그리고 절에서 절하는 척하며 실은 그 뒤 비밀 사당을 향해 예배를 드린다. 이 정원사들은 차나 커피를 마시는 척하면서 정원을 가꿔요. 그 농담(濃淡)을 즐기죠. 그 농담(弄談)을 즐겨 버리는 것이다. 하지만 그들이 더 알쏭달쏭한 건 카쿠레키리시탄과는 다르게 생을 마치고 화장될 때 몰래 꼭 쥔 나무 십자가 같은 것이 없다는 점이다. 없다. 정원은 오로지 그만 보고 그만 즐기거나 그만 즐기지 않은 것이다.

    내 시선이 닿는 한편에는 고무 정원이 여전히 자리 잡고 있다.

    ―「침묵하는 것만이 그를 사랑하는 방법이라는

게 분하다」 중 '고무 정원' 부분

　공연이 끝나고 종종 '저도 이제 제 고무 정원을 갖고 있어요.'라는 후기를 들었다. 감사했다.

　그러고 보면 이런 취향은 어린 시절에 읽은 전집에서 시작된 것 같다. 제일 좋아한 건 아마 중앙문화사에서 나온 1980년대 어린이문학 전집이었을 거다. 하지만 그때도 이미 책이 낡았다. 민들레 꽃씨로 착각하고 불면 살짝 부스러질 만큼. 오래지 않아 분리수거로 내놓았다. 이후에 새로 나오진 않았는지 종종 찾아봤지만 모든 이야기가 사랑받지는 않았던 모양이다. 예나 지금이나 인기가 많은 오트프리트 프로이슬러의 책은 구하기 쉬운 편이라 모아 두었지만, 노르웨이의 작가이자 연극 평론가였던 진켄 호프의 1948년 책『요술 분필』은 2021년 중고 서점에서 다른 판본으로 간신히 구했다. 한국에서는 2024년 김이나 작사가가 방송에서 어릴 때 읽은 인상 깊은 책으로 소개한 적이 있다. 인간 소년 욘과 요술 분필로 인해 생명을 얻은 낙서 소년 소프드의 모험을 그리고 있다. 거기에 바그루프가 등장한다.

     산 위에 사는 트롤 아기 코믈레는 욘과 소프드에게 각각 세 가지 소원을 들어주기로 한다. 소프드는 '바그루프'를 소원으로 빈다. 그건 '아리둥둥하고 스리덩덩하며 색깔은 파노파카'하다. 그게 뭔지는 모르지만 좋아하는 거니까 이루어 달라고 한다. 코믈레는 주문을 외워 보지만 바그루프가 뭔지 아는 이가 아무도 없으므로 아리둥둥 스리덩덩 파노파카한 무언가가 나타난다. 소프드도 막상 보니 용도를 모른다. 코믈레도 잘 모르겠지만 왠지 좋은 느낌을 주니까 자기 집에 두기로 한다. 트롤 사회에 관해 아는 건 없지만 인심이 두둑한 편인가 보다. 소원을 취소해 주고 다시 기회를 준다. 욘과 소프드는 그 뒤로 흥미진진 기절초풍 대모험을 이어 가지만 바그루프의 출연은 이걸로 끝이다.

     어릴 적부터 바그루프가 계속 마음에 남았다. 상상력을 불러일으키지만 막상 진지하게 상상하면 시시해질까 봐 상상하는 상상만 하고 마는 것. 이따금 울적한 마음이 들면 내가 무얼 하고 있는지, 어디에 있는지, 어쩌다 이렇게 됐는지 곰곰이

생각하게 된다. 그러면 생각은 비약한다. 점점
커져서 걷잡을 수 없어진다. 몸은 땅에 있으니,
비약한 생각은 이제 나를 부수려고 추락한다.
삶이 혼란하게 느껴지는 순간에 고무 정원이나
바그루프를 떠올린다. 그건 아무것도 아니고 그저
그 자신이다.

    2025년 7월에 「바그루프의 공무(公務)」라는
공연을 마쳤다. '긁(극)적이는 객석들'이라는 기획
공연에 초청되어 서울 연희동의 노만주의라는
카페에서 진행했다. 여섯 창작자가 섭외되어
각자 하루씩 공연을 했다. 객석은 보통 고정되어
있어서 제약이 많다. 공연을 가만히 보는 걸
넘어 더 자유롭고 다양하게 존재하는 방법이
있을지 고민하는 기획이었다. 우리는 객석에
집중하며 공연을 만들었고 각자 '미뤄 둔 일
가져와도(가져오길)', '공연 중에 딴짓해도', '주의가
산만해도', '아까우면 환불해도', '자리를 이동해도',
'공연을 멈춰도' 되는 공연을 만들어 보았다. 나는
'공연 중에 딴짓해도'를 맡았다. 크지 않은 카페에서
하루 공연하는 거라 금방 매진이 되었고 친구들과

꾸준히 찾아 주는 관객분들, 공연 예술에 종사하는 낯선 동료들이 많이 방문했다.

작품 구상은 전에 처음 민방위 훈련을 하러 갔던 기억에서 시작됐다. 방공호 안에서 수많은 동네 사내들이 틈틈이 '쿠키런'을 하는 풍경이 인상적이었다. 쿠키런 전지훈련이었다. 모두 최선을 향해 오븐 밖으로 탈출하기 위해 달리고 있었다. 이 매머드머메이드맛 쿠키 또한 안보 교육과 심폐소생술 훈련, 방독면 착용법, 집에 가는 길에 로또 복권 당첨되시라는 강사님의 훈화 말씀까지 성실히 듣고 무사히 귀가했다. 귀갓길에 산 로또는 되지 않았지만, 스피또가 되어 손해는 없었다. 그날 어떤 강연이 이루어진다는 설정을 만들고 객석마다 몰입하기 쉬운 딴짓거리가 숨겨져 있는 걸 상상했다.

그런데 강연도 일종의 공연이다. 관객으로서는 모든 순간을 다 보고 싶어서 제대로 즐기지 못할 것 같았다. 이건 원하는 방향이 아니다. 그럼 강연도 하지 말자. 대신 천천히 갖고 놀 수 있고, 충분한 가이드가 필요하기도 하고 그렇지 않기도 한 놀이를 제공하기로 했다. 즐겁게 시간이 훌쩍 가는 일은 반가운 친구와 통화하기 내지는 오랜만에 일기 쓰는 일이라고 생각했다. 마침 저널링 게임이라는 장르에 관심이 있었다. 혼자 규칙에 맞게 다양한 글쓰기를 하는 놀이다. 문득 모두에게 각자의 바그루프를 주고 싶다는 생각을 했다.

    공연은 이랬다. 『요술 분필』을 간단히 소개하고 작은 책자를 나누어 준다. 거기에는 바그루프에 관해 상상해 보는 여러 질문이 있다. 그 여정을 나름대로 기록한다. 나는 그걸 굳이 보지 않는다. 사람들은 설명하거나 질문에 대답하지 않아도 된다. 하기 귀찮은 사람이 있다면 내가 준비한 잡담 '딴짓의 목록' 중 하나를 들려준다. 지금 할 만한 딴짓의 목록이다. 항목은 40개 정도 준비했는데 사실 여섯 개 이후로는 즉흥이었다. 한국 설화 장르의 하나인 '무한담'도 들려주었다. 무한담은 끝없이 하나의 행동만 반복해서 듣는 이의 의욕을 꺾는 구조의 이야기다. 목수가 대궐을 지을 나무를 구하러 산으로 들어갔다. 큰 나무를 하나 골라 쿵 하고 한 번 찍었다. 쿵 하고 한 번 찍었다. 쿵 하고 한 번 찍었다……. 돌이켜 보면 어차피 공연은 내가 하는 것이므로 누구도 의욕이 꺾이지 않았다. 관객들은 내가 몇 번까지 말하나 두근두근 바라보고 있었기 때문이다. 의욕이 꺾인 건 나였고 한 관객은 내가 몇 번을 말했는지 꼼꼼히 세어 알려주었다. 인간은 무한을 감당할 수 없다.

딴짓의 목록

1. 창밖을 보기

창밖에는 창밖의 풍경이 보인다. 하늘뿐이라면 평화롭다. 낯선 게 보이면 신비롭다. 그러고 보니 어린 시절에는 하늘에서 낯선 걸 발견하면 "소가 넘어간다!" 하고 친구에게 하늘을 보길 권하기도 했다. 거기엔 아무것도 없다. 상상 속 하늘에는 무언가 있었다.

2. 테라스로 나가기

연극을 보다가 문득 '바람을 좀 쐬어야겠어.'라고 생각할 수 있다. 이야기는 객석에 한참 머물러 있으려고 안간힘을 쓰지만, 톡톡 털면 떨어진다.
바람은 그저 지나간다. 바람을 톡톡 털어 떨어뜨린
사람의 이야기는 들어 본 적이 없다.

3. 벽이나 천장, 바닥을 보기

꼭 세 지점에 집착할 필요는 없다. 어떤 얼룩이나
그림자는 자기 세계의 마크 로스코로 태어났으나
그곳에선 아직 추상미술을 즐기는 습관이 없다. 사실
우리에게도 그런 습관이 있다고 하긴 어렵다. 하지만
무언가 음미해 보려고 노력하는 건 늘 가능하다.

4. 저널링 게임

지시문에 따라 글을 적고 그림을 그리는 식으로
진행하는 놀이다. 규칙이 무척 다양하고 혼자서도
오래 놀 수 있다. 그런데 내가 지금 공연을 보러
왔는데 이런 것까지 직접 해야 해? 생각하기 싫어.
지시하지 마! 절대 네 의도대로 안 해! 심통이 나기도
한다. 왜 참여형 공연을 보러 가면 그렇게 약이
오르고 심통이 날까? 모를 일이다. 본디 객석에서는

내키는 대로 하면 좋다. 그치만 저널링 게임에 흥미를 갖고 제작하고 있다.

5. 잠자기

이 공연을 퍽 기대하며 찾아왔으나 갑자기 잠이 내게 놀러 왔기 때문에 손님맞이를 해야지. 머릿속 부엌에서 우리 할머니의 살구 파이와 레모네이드를…… 드르렁…… 퓨퓨…… 무냐무냐무냐…… (깊은 잠)

6. 미래를 예감하기

객석에 앉아 분위기를 파악한다. '고약한 한 시간이겠군.' 미래는 쉬이 예감된다. 문을 박차고 나가는 건 언제나 가능하다. 그러나 어지간히 따분한 것으로는 관객은 나가지 않고, 이동에 어려움이 있을 수도 있다. 하여간 공연자는 그만큼 따분하게 만들 실력도 비결도 없다.

공연이 끝날 때쯤 『요술 분필』의 결말을

전했다. 대단한 모험 끝에 욘은 기관차를 모는 기관사가 되고 소프드는 라디오 방송에서 바이올린 켜는 일을 한다. 바그루프는 그냥 거기에 있다. 객석에서는 각자의 바그루프가 형태를 이루고 여행을 다닌다. 나는 그들의 바그루프에 관해 조금도 모른다. 사로잡아서 으르렁대더라도 대답해 줄 수 없다. 그러고 보니 최근에 『요술 분필』의 속편인 『욘과 소푸스』를 영어 번역판으로 구했다. 혹시 또 나와 주려나, 바그루프. 소식을 알게 되면 전하겠습니다.

관객은 느슨한 해적판 놀이책을 가지고
바그루프를 상상한다.

「침묵하는 것만이 그를
사랑하는 방법이라는 게
분하다」를 위한 이미지.
고무정원도 있다.

5장

말로만 응원하고 극장을 찾지 않는 사람들

무언가를 응원하면 삶이 풍요로워진다. 요즘은 진도 곱창김과 돌산 갓절임으로 만들었다는 삼각김밥과 씨앗 젓갈, 어떤 스탠드업 코미디언을 응원하고 있다. 보이면 사 먹는다. 새로운 공연 소식이 있으면 무심코 일정을 확인한다. 삼각김밥을 응원한다니? 응원이란 무엇인가 싶다. 오래오래 있어 주면 좋겠다는 마음인 것 같다. 너무 멀리 가지 않기를. 물론 아무것도 응원하지 않는 이도 있을 테다. 어떤 일에도 동하거나 내키지 않는 사람. '응원합니다'라는 말을 사무치게 공허하다고 여기는 사람. 세상과 부대끼기에 안락한 거리감을 가지고 살아갈 것 같다.

사람을 만나는 일을 하니 응원을 받는 일도 종종 있다. 퍽 기쁘다. 누군가 공연을 재밌게 본 것 같으면 힘이 난다. 자주 들러 주셔서 익숙한 얼굴을 마주하면 감사하다. 다만 레퍼토리 공연보다는 그때그때 공간과 기분에 따라 신작을 만들기에 안심할 수는 없다. 늘 잘할 수는 없다. 응원의 말을 들으면 눈물이 흘러 입에 들어가는 시늉을 하면서 다행스럽게 여긴다. 여러분은 어떤 일에 마음을 쏟고 응원하고 있나요? 묻고 싶다. 혹 너무 뜨거운

말이 달려올까 봐 우려스럽다. 하지만 이렇게
책으로 만나면 서로 얼굴을 보지 않고 뉘엿뉘엿
멀리 돌아가는 대화를 나눌 수 있으니, 얼마든지
말씀해 주셔도 좋답니다.

　오래 있어 주기를, 잘 해내기를 바라며
마음으로만 응원하는 일이 많다. 매사 시간을
내면 좀 더 신경 쓸 수 있지만, 혼탁하고 급한
현대 사회에서 시간은 섬세하게 나누어야
한다. 자연스럽게 시간을 내는 게 아니라 부러
시간을 만들어야겠다고 생각하면 그 일은 이미
우선순위에서는 멀어지고 있다. 응원만 하다가
사라진 게 많다.
　'알고 지내는 동생이 독립 서점을 열었는데 거기
묘한 미스터리 독립 출판물이 입고되었다니 언젠가
가서 사야겠어.' (독립 서점은 1년간의 근사한 여정을 마치고
문을 닫았다.)
　친구와 종일 동네를 산책하며 수다를 떤 다음
서로 끝없이 바래다주기를 반복하다가 지쳤을 때
헤어지는 곳이 되어 준 김밥천국. (20년 이상 영업하다가
폐업했다. 시대의 변화와 함께 저렴한 한식 식당이 많이 사라지고

있다. 특히 김밥집이 위기라고 한다. 한편 국밥집이 유행이라고 한다.)

　동네에서 제일가는 순대국을 멀리서도 사 먹을 수 있도록 들여놓은 포장 전문점. (뜯어서 끓이면 되는 형태에서 조금 더 섬세한 밀키트 형태가 된 이후로는 이용하지 않았다. 최근 본점에 들르니 줄 서는 가게가 되어 있어서 황당했지만 잘되면 다행이다.)

　옛날 주차장 부지에 들어왔던 거대한 서커스 텐트. (여러분의 동네에도 서커스 텐트가 들어온다면 놓치지 마시길.)

　내 첫 희곡을 게재해 주었고 리뷰도 실어 주었으며 연극 세계에서 일어나는 다양한 시도와 고민을 접하게 해 준 웹진 《연극in》(2025년 불가사의하고 기습적인 폐간을 맞이했다. 현재 대체할 만한 매체는 슬프게도 없다. 갑작스런 쇄신보다는 이전 운영진들과의 충분한 대화를 통해 다시 돌아오기를 바란다.)

　오래전 동네에 한 극단이 들어왔다. 전통 시장 한가운데 건물 지하에 소극장을 마련하고 지역 학교와 연계하며 정력적으로 공연했다. 버스 정류장에 홍보 전단이 붙어 있곤 했다. 싸이월드에서도 공연 정보를 얻을 수 있었다.

그러고 보면 당시에는 신문과 TV에서도 종종 연극 광고가 나왔다. '벗는 연극'을 홍보 문구로 사용하는 공연들이 있던 시절이었다. 케이블 방송에서도 다소 선정적인 심야 예능이 한창 만들어지던 때였기에 화제성을 노린 작품이었을 거다. 실제로 보지 못해 그 작품들에 어떤 마음이 담겨 있는지까진 알 수 없지만.

 2010년 동네에 '벗는 연극을 보고 싶으신가요?'였던가. 수상적은 홍보 전단이 돌기 시작했다. 마침 군대에서 휴가를 나온 친구가 몹시 의욕을 내 주어 함께 관람하러 갔다. 인근 학교 동아리와 함께 공연을 올리기도 하는 단체였기 때문에 심술궂은 계책이 있을 거라 생각했다.

 여기까지 기대감을 부풀려 왔다면 미안하지만, 공연 내용은 잘 기억나지 않는다. 관객의 마음에 찬물을 끼얹는 연극이었기에 그 감각만이 생생하다. 귀중한 집안의 가보에 관한 이야기였던 것 같다. '벗는 연극'이 만들어지는 세태와 그걸 해내야 하는 창작자의 슬픔을 그린 작품이었던 것 같다. 극단 대표는 주인공의 입을 빌려 말했다. 고향에 언제나 연극을 볼 수 있는 공간을 만들고 싶다고. 사람들이 모이고 마음껏 공연할 수 있는 곳. 지금은 케이블 방송에서 선정적인 장면을 연출하며 돈을 벌고 있지만, 여기서만큼은 좋아하는 일을 하고 싶다고 했다. 자기가 사랑하는 일이 단지 화제성으로 끝나지 않기를 바란다고 했다. 그럼 저는 벗을까요? 말까요? 관객 여러분이 원하시는 대로 하겠습니다. 그런 장면이 있었던 것 같다. 친구는 제법 충격을 받은 모양이었다. 마음에 쏙 드는 작품은 아니었지만 흥미로웠다. 이들을 응원하고 싶다. 마음으로 응원했다. 그러나 내가 속한 연극 동아리는 봄 학기와 여름, 겨울방학 전부를 제작에 힘쓰는 곳이었고 좀처럼 찾아갈 수 없었다.

    극단은 소극장과 함께 어느새 사라졌다. 극장을 자주 찾지 않은 일이 후회되었다. 찾지 않으면 사라진다는 걸 그때 진하게 느꼈다. 그 뒤에 소극장 터는 낯선 신흥 종교의 특별한 광선 체험 시설이 되었다. 거기서는 특별한 광선을 쬠으로써 특별한 상태가 된다고 한다. 호기심에 지하로 향하는 계단을 한번 내려가 봤는데 녹색 광선이 새어 나와 조심스럽게 도망쳐 나왔다. 연극적 환상이

아닌 생동하는 신자 분들의 터전에 흙발로 들어가
죄송했다. 그 뒤에는 주짓수 도장이 들어왔다.
이윽고 종합 격투기 도장이 되었다. 지금은 어찌
되었는지 모르겠다.

    2022년 7월 신촌극장에서 공연한 연극 「멀리서
응원하고 극장을 찾지 않는 사람들」은 이 기억에
영향을 받았다. 그리고 세상을 떠난 친구들에게도
영향을 받았다. 공연 버전과는 꽤 다르지만 초고
버전을 전하고 싶다. 온전한 이야기를 볼 수 있는
사람은 극장에 기어이 찾아온 사람뿐이다.

        멀리서 응원하고 극장을 찾지 않는 사람들

헌

우단

극장 문이 닫히면 헌 관객을 바라본다.

헌   잡았다. 끝까지 봐야 해. 눈을 돌리지 말고. 알았지?

헌 안녕하세요. 음, 오늘 공연에 찾아
주셔서 감사합니다. 공연은 쉬는 시간
없이 60분간 진행하려고 합니다.
그러니 쉬고 싶으신 분들은 중간중간
눈을 잠시 감아 주세요. 저는 두려움이
많습니다. 항상 긴장하고 있지요.
여기 앞에 서 있다고 해서 여러분보다
더 자유롭지는 않습니다. 앉아
있는 몸보다 부자유한 건 극장에서
움직이는 제 몸이죠. 보이기 위한
몸이니까요. 몸을 바라보는 게 좋아요.
몸을 상상하죠. 상상 속의 몸은 더
미화되어 있죠. 상상하는 훈련이 된
사람들에게는요. 극장에 가지 않아도
충분히 즐길 수 있어요. 극장, 연극이
하나의 시라면 이미지를 충분히
음미할 수 있어요. 이제는 가면 지쳐요.
지치는 이야기들. 지치는 의자.
지치는 사람들. 지치는 시선. 극장은

지치는 곳이에요. 한때는 바라보는
게 혁명이라고 믿던 때가 있었는데.
지금은 아니에요. 노래가 세상을 바꿀
수 있다고 믿던 시기가 지나고 이제는
극장이, 연극이. 오만하지요?

헌 냉방은 적당한가요? 춥다면 알려
주세요. 공연 외적으로만큼은
편안하게 해 드리고 싶습니다.
내적으로 잘하라고요? 하하. 기다려
주세요. 맨 뒤에 계시거나 가장자리에
앉으신 분은 앉아 있기가 불편하다면
일어나셔도 괜찮습니다. 공연 중에는
큰 소리는 내지 않으려고 합니다.
여기는 지상 4층이고 벽이 얇으니까요.
종종 소리를 치는 공연을 힘들어하는
분들이 계셔서. 잘 들리시나요? 네.
화장실 사용이 어려울 때가 있습니다.
오늘은 편안하게 사용하셔도
괜찮습니다. 편하게 다녀오세요. 지금
가고 싶은 분이 계시면 제가 시간을 좀

벌어 보겠습니다.

시간을 번다. 그날 공연자에게 있었던 일을 이야기한다.

헌 자주 일어나는 일이 아니니까 우리가 특히 주의해야 하는 일이 있습니다. 화재나 예상치 못한 사고가 발생했을 시에는, 올라오신 길로 안전하게 대피하도록 하겠습니다. 소화기 사용법을 간단히 알려 드리겠습니다. 핀은 한 번에 뽑으셔야 합니다. 마임으로 연습해 볼게요. 그럼 이제 시작하도록 하겠습니다. 부디 편안한 관람 되시기를 바랍니다. 아무리 편안하더라도 작품이 좋아야겠지요. 제법 긴 시간이더라도 멋진 시간이라면 견딜 수 있을 겁니다. 끝나고 나서 엉덩이 통증이 없는 시간이면 좋겠네요. 「멀리서 응원하고 극장을 찾지 않는 사람들」 시작하도록 하겠습니다.

헌 왜 안 와! 왜 안 오냐고! 내가 다 준비해 뒀는데. 왜 아무도 안 와? 이이이이이, 이이이이익! 생일 축하 파티에 주인공이 안 오는 거랑 같아. 슬퍼. 똑같이 슬퍼. 그럼 어떡해? 내가 이 정도인 걸 어떻게 하란 말이야?

우단 이제 우리 그만해요. 네? 제발요.

헌 음, 괜찮아. 고마워. 끝까지 보고 있어.
(다른 사람이 된다.)

헌 화이팅! 언젠가 꼭 보러 갈게. 응원할게!

헌 응원한다야! 멀리서 응원합니다.

헌 몸은 비록 떨어져 있지만! 마음만은 함께라는 거!

헌	꼭, 친구들 다 모아서 갈게! 와 진짜 한번 꼭 봐야 하는데! 야 네가 직접 쓰고? 직접 연출하고 연기하는 거야?
헌	오, 아직도 연극으로 사람들 돈 뺏고 있어? 너 어차피 네 얘기 하지? 그런 거 숨겨 좀.
헌	으응, 잘 숨겨 볼게. 그래도 하던 게 제일 나으니까. 물론 극장은 위험한 곳이지. 살아 있는 사람들이 다른 세계를 가져오는 곳이야. 여기가 아닌 다른 곳이 있다는 사실이 나를 슬프게 해. 괴롭게 만들어.
헌	마음의 앙금을 풀고 싶다면 멋대로 하란 말이야.
헌	꼭 보러 갈게요. 다음 공연은 꼭 보러 갈게요.

우단   다음 공연. 없는데……. (긴 사이)
안 돼요! 다 나가 주세요. 이건
속임수예요! 여러분은 함정에 걸린
거예요. 어서 돌아가요. 그리고 공연이
없었노라고. 환불을 해 달라고 하세요!
이 무대는 아무것도 아니에요. 여기는
아무것도 없어요. 이제 그만해요!

헌   괜찮아. 아무것도 없는 게 더 나아.
무슨 생각하는지 알아. 그런데 어쩔
거야? 덫에 걸리면 다들 다쳐. 이제
돌이킬 수 없어. 여기서 누군가를
변화시킬 거라는 기대를 하지 마.
우리는 우리의 일을 한다. 관객이
원하지 않아도. 왜 자꾸 막는 거야?

우단   나는 그런 걸 기대하지 않으니까요.
그냥 같이 이대로 있으면 안 돼요?

헌   들어 봐. 진정해. 사람들이 뭘
기대하는지 어떻게 알 수 있겠어.

사람들은 스스로 기대감에 취해서
믿을 수 없는 것에 돈을 내. 이것도
그냥 그런 기억으로 남을 거야. 우리
지금 한 사람이 둘인 척하면서 말하고
있잖아. 그저 그런 공연으로 남는다.
우리 그러기로 했지. 그러기로 했잖아.
아무것도 없어도 돼. 그냥 함께
흘러가는 걸 만든다. 그게 약속이었지.
최고거나 최악의 공연이 아니라면
우리는 순조롭게 잊힐 거라고. 자,
우리가 여기에 왜 있을까?

우단 사람들한테.

흰 사람들한테?

우단 서서히 잊히기 위해서요.

흰 누가?

우단 우리요. 연극이요. 극장이요. 관객의

마음을 꺾고 우리의 몸과 마음을 꺾는다. 다시는 극장으로 오지 못하게 한다. 멀리서 응원하고 그걸 마음의 지주로 삼게 한다. 내가 가지 못한 어떤 곳에서는 새로운 세계가 가만히 상영되고 있고, 그걸 상상하는 것이 즐겁고. 다가가면 괴로우니까요. 너무 많은 괴로움으로 만들어지는 공간에서, 낡은 신발을 보거나 나를 두고 출발하는 어떤 세계를 바라보는 게 끔찍하니까요.

헌   왜 그런 일을 하지?

우단   더 이상 아무것도 위로하지 않기 위해서. 반드시 그만두기 위해서. 마땅히 기억해야 할 사건을 연극으로 만들어 기억하지 않기 위해서. 오로지 기억하는 사람들만 다시 되새기는 곳이에요. 극장은. 상처받는 사람만 다시 상처를 받죠. 그러니 사라지기 위해서.

헌   그럼 나를 내버려둬. 놓아 줘. (사이) 멀리서 응원해! 어차피 극장을 찾을 수는 없겠지만. 여긴 외진 곳이란 말이야. (사이) 지독한 길치인 한 친구는 간신히 지연 입장 시간이 딱 끝나서야 도착했다. 하지만 어디 말할 수도 없고……. 극장 문 앞에 귀를 기울이고 있었다. 유일하게 극장을 찾은 인물이었다. 아주 멀리서 기어이 여기까지 오는 한 관객을 상상한다. 그는 아주 긴 여정을 떠난다. 아침에는 오늘 극장에서 입을 옷을 고민한다. 극장 앞에서 식사를 고민한다. 실은 내가 온전히 좋아서 가는 건 아니다. 나를 불러 주었기 때문에 간다. 기꺼이 간다. 불러 주었으니까……. 가야 한다. 모처럼 일찍 나왔는데 극장 앞에서 마지막 순간에 들어가기를 주저한다. 주저해. 주저한다. 이런 일도 있는 거야. 끝까지 다 왔는데 도착할 수 없는 경우가. 그건 내가 원한 거기도 하지. 극장 경비가 있었더라면! 그 가엾은 관객에게 말 한마디라도, 말 한마디라도 걸었을 텐데! 없으니 그저 기다린다. 정시가 되고……. 아무래도 들어갈 여지가 있는 5분이 지난다. 조금 곤란해지기 시작하는 10분. 어쩌면 중간 입장이 미리 안배되어 있을지도 모르는 15분과 새로운 이야기가 시작할지도 모르는 20분, 23분, 25분. 지나치게 마음이 넓은 친구가 극장에서 일하고 있다면, 극단에서 일하고 있다면 오퍼실로 통하는 문으로 들여 보내 줄지도 모르는 30분. 함께할 시간이 너무나도 모자라 오는 것만으로 기쁨이 되는 가족이나 연인 혹은 운 좋게 들어갈지도 모르는, 공연자의 너스레와 헤프닝으로 관객 모두 잠깐 웃고 다시 집중해 볼 만한 35분까지 모두 지났다. 이제 공지된 공연 시간에 따르면 남은 시간이 더 적다. 잠깐이라도, 그 잠깐의 시간이라도 핥아 보려고 시도한다. 극장 문에 포근히 귀를 대어 보는 것이다. 무슨 소리가 들릴까? 우우우우웅. 우우우웅. 웅얼대는 소리.

우단 우리는 계속 어중간한 연극을 하고 있다. 작은 극장들은 슬픔을 담는 그릇이 되었다가 깨졌고 장맛비에 섞여 하수도로 흘러갔다. 몇몇 극장은 자신들의 일이 끝나 감을 알고 사람들에게서 잊히기로 마음먹었다. '그럼에도 불구하고'는 연극을 지속하려는 사람이 으레 하는 말이었지만 아이러니하게도 우리의 구호가 되었다. 그럼에도 불구하고. 극장에서 사람들을 완전히 몰아내자. 돌이켜 보면 우리는 이 일에 너무너무 질려 있어서 계속할 수 있었던 것 같다.

이제 우리는 극장을 달랜다. 어떤
극장은 커다란 덫이다. 사람들이 다시
찾지 않도록 끔찍한 연극을 한다. 너무
끔찍하면 입방아에 오르기 때문에
무난한 작품을 만들기로 하자. 하지만
여전히, 이 지경이 되고도 연극에
끌리는 사람들이 있다. 흥미로운 것에
끌려 자신의 호기심을 죽이지 못하고
먼 극장으로 여행을 하는 걸 감수한다.
황당하다. 그래서 우리는 흥미로운
제목을 놓고 관객이 오기를 기다린
다음에 이도 저도 아닌 공연을 한다.
관객은 질려서 돌아간다. 우리는 이제
이걸 사랑하지 않는다. 덕분에 왜
이렇게 살아야 하는지 의문은 없었다.
머리가 맑았다. 이건 명백히 우리가
잘하는 일이었으니까.

헌 요즘 연극은 이야기로 들어가는 걸
두려워하더라고. 그래서 본론으로는
조금도 나아가지 않아. 위성의 고리만

바라보는 거 같아. 수박의 겉을
핥는 거 같지. 관객을 조금도 믿지
않더라고. 그래. 관객이 우릴 믿지 않을
거라는 걸 굳게 믿어. 그러니까 계속
지연하는 거야. 이야기를 진행하는 걸
말이야. 같은 말을 반복하면서 같은
말을 반복하면서 뭐가 아름다운 걸
포착하길 바라지. 믿지 않는 주제에
말이야. 수석이라고 했던가. 이상한
형태의 돌을 바라보면서 풍경을
즐기는 일처럼. 아니면 오밀조밀한
파도를 바라보는 것처럼. 균열도
파국도 아름다운 것이라고 여기는
얼간이들처럼. 우리도 이런 걸 하는
거야.

우단 우리가 처음 만든 공연은 「제리
플릿의 모험」이었다. 어떤 작품인지는
잘 기억나지 않는다. 다만 거대한
선풍기가 두 대 등장했다. 나는 기획을
했다. 연기는 엉성한 건지 아니면

마임이스트와 차별을 두려고 한
건지는 잘 모르겠으나 그냥 그랬다.
딱 좋았다. 선풍기 바람에 계속 휩쓸려
몸이 계속 접히고 있었다. 포스터에는
연 극 제 리 플 릿의 모험이라고 적혀
있었다. 연극제 리플릿의 모험이라
저렇게 휘날렸구나. 사람들은
끝까지 알아듣지 못하고 지루해하며
돌아갔다. 다행이었다.

우단   고전 드라마 중에는 이런 이야기가
있다. 어떤 공연자가 살인하는 연기를
더 잘하기 위해 사람을 죽인다. 그는
더 나은 연기를 할 수 있게 된 것에
만감이 교차하며 잡혀간다. 어떤 일을
계속하다 보면 더 잘하게 되는 사람이
있고 아닌 사람이 있다. 사람은 늘고자
해야 느는 존재다. 더 잘하게 된다는 건
그걸 사랑하게 된다는 건지도 모른다.
아니면 시간이 지독하게 아깝다.
우리는 어중간하기 위해 노력했다.

하지만 아직 사라지지 않았다. 한때는 모두 연극인으로 만들어 보려는 시도도 했지만 잘되지 않았다.

헌 연극 참 좋지 않나요? 정년이 없는 직종이기도 하죠. 주식투자자만큼요. 모두가 쉽게 시작할 수 있지만 오래 하려면 공부가 필요하죠? 공부 없이 해도 됩니다! 물론! 정부에서도 지원을 많이 해 주고 재단에서도 지원을 많이 해 주고 있어요. 자, 자격 심사라는 게 없어요. 허들이 아주 낮습니다. 누구에게나 성공의 문이 열려 있어요. 여기서부턴 낭독으로 전환해도 됩니다. 보고 읽겠습니다. 이런 것도 괜찮아요. 외우면 더 어려우니까요.

우단 다 거짓말이었다. 그것도 재미없었고 그것도 재미없었어. 그것도 재미없었어. 조금도 즐겁지 않았어.

헌   그럼 뭐가 좋았어?

우단   같이 앉아 있는 거. 나는 파도를 바라보는 게 좋아. 너와 파도를 바라보는 게 좋아. (사이) 친구는 세상을 떠났고 나는 그 이야기를 무대로 끌고 오고 싶지 않다. (친구가 되어 말한다.) 어, 어, 미안한데. 나는 그만 내려가고 싶어. 파도가 없는 곳으로 가고 싶어.

우단   기대감과 호기심이야말로 관객이다. 나는 또 관객을 데려가는 기사다. 어디로 모실까요? 어디까지 모셔드릴까요? 날이 점점 더워지고 있으니까 덜 더웠던 여름날로 모셔다 드릴까요? 나는 여기서 막을 내려야 하고 이야기는 점입가경으로 향하고 있다. 그러니까 그만 망쳤다는 걸 인정해. 그냥 인사해 인사하면 끝나. 그리고 박수를 청해! 그런데 그게 어렵다. (사이) 가끔은 무대 위에서 한 번씩 던져 보는 것도 좋아요. 결말을요.
왜냐하면, 언제나 결말은 중간
지점이니까. 이 정도 길이의 공연이면,
대체로 삶의 끝까지 그려 내지는
않으니까요. 하지만 던진 시점에서
명확히 끝인 건 맞죠. 내가 떤 재롱이
누군가의 끔찍한 악몽이 아니기를요.

막

  같은 작품의 여러 판본이 발견되는 작가가 있다. 그런 작가를 보면 그래서 결국 최종적이고 완전한 작품은 어떤 버전이죠? 무엇이 당신의 사유를 가장 온전히 담은 걸까요? 저는 무엇을 읽으면 좋을까요? 라고 심술 내곤 했는데, 이제야 알 것 같다. 어떤 날 어떤 순간에는 이쯤이 최선이고 더 덧붙일 만한 게 없다는 것을. 실제 공연에서는 첫 30분 정도를 호들갑스러운 공연 안내로 채웠다. 관객을 어찌할 수 없이 붙잡아 두기 위해서라는 핑계였다. 이 공연을 하면서 유쾌했던 건 인스타그램으로 메시지를 많이 받았다는 점이다. 제목에 분명 가시가 없었는데, 찔렸다며 메시지를 주었다. 대부분 멀리서 응원하고 극장을 찾지 않아 죄송하다는 내용이었다. 이 제목이 퍼져서 이제 가까운 동료를 만날 때도 서로 바쁘면 "멀리서 응원합니다. 극장은 찾지 못하지만." 하고 인사하기도 한다. 하지만 연극은 여가 생활이다. 여가를 즐길 수 있을 때 오십시오.

공연은 제목을 따라간다는 말이 있다. 제목이 공연을 따라가기도 할까? 나는 제목이 먼저 떠오르고 그 다음에 내용을 생각하는 편이다. 속편이 나온다면 '말로만 응원하고 극장을 찾지 않는 사람들'이라고 짓고 싶다. '말로만'은 중의적 표현인데 말과 마지막 무렵을 뜻하는 말로(末路)다. 그리고 셰익스피어에게 영향을 줬지만 그만큼 유명하진 않은 크리스토퍼 말로도 끌어들이기로 했다. 내용은 또 시답잖을 테니 극장을 찾지 않을 예정이라면 인스타그램에 메시지를 부탁드립니다. 메시지 함에 주르륵 '멀리서……'로 시작하는 안타까운 내용이 가득하다면 그걸로 또 무언가 만들어야겠다.

얼마 전에는 응원하던 일본 코미디언

팀이 여행도 다니고 상담도 받고 철학도 공부하고 싶다고 해산해 버렸다. 오사카로 관람하러 가기 보름 전의 일이었다. 유튜브 라이브를 하길래 들어갔는데 자기들 마지막 공연 날에 맞춰 해산한다고 했다. 내가 "보름 뒤에도 공연하시던데요?"라고 채팅을 하니 "그것도 있었네! 죄송합니다! 근데 이미 발표해 버려서!"라며 사과했다. 준비하고 계신 소설집은 어찌 되었냐고 물으니 "앗⋯⋯." 하고 우는 시늉을 했다. 이런. 저것은 쓰지 않은 사람의 표정이다. 딱 알았다. 열 받았지만 믿지 않았다.

    이쯤 되니까 잃어버리는 게 응원하는 사람의 일이라는 생각이 든다. 일부러 자리 잡지 못하고 표류하는 것만 골라서 응원하고 싶다는 생각이 든다. 아주 가끔 들여다보면서 결국 행복하기를 바라기만 하고 싶다. 이미 그러고 있나? 희곡처럼 갑자기 결말을 집어던져 보았다. 다음에 내 마음에 들어오기만 해 봐. 아득바득 응원할 테니까. 어디 그만두기만 해 보십시오.

「멀리서 응원하고 극장을
찾지 않는 사람들」
공연 사진. 혼자 극장에서
분열하는 느낌이 좋다.

6장

시늉과

행세

정말 책을 쓰게 될 거라 생각하지 못했는데 이렇게 되었다. 2023년 6월 책방 풀무질이 성균관대 부근에 있던 시절 「별책 매머머메」라는 공연을 했던 게 떠오른다. 이전 공연을 좋게 봐 주신 분께서 당시 책방지기로 일하고 계셔서 초청해 주셨다. 책방에서 어떤 공연을 보여 드릴까? 자비 출판으로만 글을 발표하던 사람이 서점에서 북토크를 하면 재미있을 것 같았다. 자비 출판의 형태로 활약하는 작가님도 매우 많으실 것 같지만 문외한의 경솔함으로 여겨 주십시오.

내게는 도무지 어디 넘겨 줄 수 없는 소중한 얇은 책이 몇 권 있다. 주로 새벽에서 아침까지 끄적인 판타지 소설이다. 그때는 '좋아서 시작했는데 왜 이렇게 됐지? 벌써 책을 내놓아야 하는 행사 날이야. 왜 아침에 써서 인쇄소로 달려가야 하는 거지?' 따위 생각을 하며 울적하고 들뜬 마음으로 글을 썼다. 모든 게 미숙하던 시절이었다. 요즘은 '어차피 새벽에서 아침까지 쓸 건데 왜 불안해야 하지?'라고 생각한다. 검은 바나나처럼 푹 익어 버리면 안 되니까 여전히 미숙함을 지켜 내고 있다.

엉터리 북토크를 콘셉트로 한 공연을 만들고 싶었는데 갑자기 불안해졌다. 어쩐지 ISBN이 부여된 단독 저서를 낸 사람만이 작가라는 생각이 들었다. 작가란 무엇인가? 아마추어로서의 자격지심일지도 모른다. 작가가 되고 싶은 걸까? 혹시 이미 작가인 걸까? 계속 아마추어로 존재하며 거기서 나오는 이로움을 취하고 싶은 걸까? 멋대로 떠들고 힐난한 다음 책임지지 않기, 세상 누구보다도 황송해하기, 등단 제도에 관한 완전히 새롭고 놀라운 견해 밝히기, 가능성으로 충만한 채 진득하게 덩어리져 있기 등등. 여보쇼. 작가 운운하기 전에 아마추어를 뭐라고 생각하는 거야?

등단하지 않은 작가라면 역시 메일링이다. 유행하는 데에는 이유가 있다는 생각에 메일링을 시작했다. 이름은 '굳이 보고 싶어 하는 이를 위해'. 어떻게 하나 한번 보겠노라는 서른세 분께서 감사히 구독해 주셨다. 송신하려니 메일링 서비스를 신청하는 건 좋아하지만 꾸준히 읽어 본 역사가 없다는 걸 깨달았다. 그래서 구글 드라이브에 올릴 테니 내키면 들여다보시라는 태만한 공지를 했다. 편안했다. 이렇게 독자에게 찬물을 끼얹는 걸로 메일링을 시작했고 대부분 작업 중 소스 리스트(놀았다는 뜻이다)와 굳이 밝은 척하는 말로 가득 채웠다. 굳이 밝아 보인다. 그건 대개 울적하다는 뜻이다.

01. 2023년 5월 15일 월요일

작업 첫날은 허황한 꿈을 펼치는 날

인스타에 글을 올릴 때 '사부작사부작 만들고 싶다'라고 했는데요. 사부작사부작이라는 단어를 찾아보니 '별로 힘들이지 않고 계속 가볍게 행동하는 모양'이라고 하네요. 너무 좋지요. 그런 뜻으로 말했어요. 다만 표현 자체가 연극인의 농담 같아서 조금 긴장했습니다. 한국 연극에서는 웃음과 동력을 만들기 위해 언어유희를 넉넉히 사용하는 경우가 있습니다. 사부작은 영어로는 테트릴로지(Tetralogy) 혹은 쿼드릴로지(Quadrilogy)라고 합니다. 사부작 + 사부작이니까…… 팔부작…… 이런 농담으로 잘 창작하는 사람도 있겠지만 아직 편승하지는 않기로.

작가 시늉을 하며 보낸 시간은 만만치 않았다.
사람은 습관의 동물이라고 하던데. 엄청나게 덜
재밌는 새 습관을 갑자기 들이는 건 어려운가 보다.
부정기 연재였음에도 손에 잡히지 않았다. 그래도
14편 정도를 꾸준히 썼다. 이틀에 한 번씩 발행한
셈이다. 다만, 기록을 위한 기록은 공연 제작에는
별로 유익하지 않다는 걸 배웠다. 공연에 써먹기
어려운 글이니 창작을 두 번 하는 셈이고, 어려움도
불안도 조바심도 두 배가 된다.

생각지도 못한 괴로움은 따로 있었는데,
좀처럼 진전이 안 될 때마다 가장 즐겁게 푹 빠져서
열정적으로 작업하던 시기가 떠오른다는 점이었다.
나에게도 굴곡이 있다. 최강의 나와 비교하면 지금
나는 진다. 그런 생각을 버려야 한다는 생각을
하기 시작하면 또 그 생각에 골몰하게 된다. 종종
골몰하다가 집착하게 된다. 무언가에 집착하면
어설피 뚝딱거리게 된다. 뚝딱거리는 사람이
대단히 귀엽지 않다면 상대는 뚝딱거리는 꼴을
빤히 보다가 천천히 일어나서 짐을 정리하고
자신의 보금자리로 돌아갈 것이다. 하여간, 집착은
상대와 거리를 만드는 유용한 수단이다. 최강의

나는 가끔 눈앞에 부유하는 이물질처럼 티 나게
아른거렸다.

    메일링 구독자 중 공연도 예매해 주신 분께는
선물을 드리고 싶었다. 굳이 보고 싶어 하는 이들을
위해서 2017년에 쓴 짧은 이야기인 「자승자박에
채인 매일」을 드리기로 했다. 뭘 만들기 전에 제목이
먼저 떠오르는 편인데, 무척 좋아하는 제목이다.
행복을 찾아 떠난 괴물이 땅에 묻힌 행복을 너무
빨리 찾아 버려 책 페이지가 꽤 남아 곤란해하는
내용이었다. 오래전에 신세 진 인쇄소에 오랜만에
가니 기분이 좋았다. 사람은 슬픈 와중에도
기쁘거나 웃거나 한다.
    첫 공연 날 아침이었다. 진작 인쇄했으면 더
좋았겠다. 걱정스러운 와중에 들떠 있었다. 그
기분을 계속 맛보려고 인쇄소에서 어슬렁거리며
책을 만지작거렸다. 리허설은 머릿속으로 했다.
덕분에 굉장한 긴장감과 함께 엉터리 북토크를
진행할 수 있었다. 관객이 앞에 앉아 있는데 눈이
뿌예져서 재미있었다. 몇 년을 했는데 아직도
이러고 있을 셈이야? 정말 너무 신선하네. 말은

이렇게 하지만, 관객은 공연자의 취약한 상태를 보는 것도 좋아한다고 생각한다.

「별책 매머머메」에서는 어설픈 작가의 위태로운 북토크라는 설정으로 2015년부터 쓴 짧은 소설들을 부분 낭독했다. 몇 가지 콩트도 준비했다. 마음 같아서는 소설 전체를 벅벅 씻어서 늘어놓고 관객들에게 흠씬 보여 주고 싶었지만, 10년 전 거기 그대로 두고 오는 게 좋은 일도 있는 법이다. 이 글에서도 공연에서 분위기를 전환하기 위해 쓴 짧은 콩트로 현장감을 전하고 싶다. 공연을 앞두고 극장으로 향하는 지하철에서 썼다. 급급해서 쓴 게 늘 평판이 좋아서 마음이 어지럽다. 기대도 기댈 힘도 없어서 그런 것 같다.

책방 사장님이 나를 보고 있어. 시선이 느껴져. 난 지금 『플랫폼은 안전을 배달하지 않는다』라는 제목을 보고 있어. 그리고 이제 『사람들은 죽은 유대인을 사랑한다』를 보고 있어. 그리고 『나는 결코 어머니가 없었다』를 보고 있고, 『사회주의자로 산다는 것』을 보고 있어. (사이) 음, 다른 코너로 눈을 돌려 볼까? 멀리서 사장님의 시선을 느껴. 사장님은 내가 어떤 책 제목을 보는지를 보고 있어. 나를 바라보는 게 아니라 내 시선을 쫓고 있어. 그래서 만약 어떤 책 제목에 오래 머물러 있으면 톰슨가젤처럼 달려와서 책을 추천할 거야.

 그건 너무 두려운 일이야.

 왜냐하면, 나는 그냥 몰래 주먹밥을 먹으러 책방에 들어왔거든.

 (빠르게 주먹밥을 베어 문다.) 진짜 힘들다.

 난 그냥 책 제목이나 보며 주린 배를 채우려고 한 거야. 아아! 마음의 양식이 밥이고, 생명의 양식이 책이었으면 얼마나 좋았을까? 그러면 이 맛있는 주먹밥을 먹는 행위가 그냥 유희적인 행위이며 인간의 오만이라는 걸 더 일찍 깨달았을 텐데! 아아!

 휴 다 먹었다. 역시 시선 처리가 중요해. 나는 눈을 한껏 흘기며 먼 곳을 보고 있었지. 신간 코너 말이야. 오래된 책들이 '너희도 빠르게 구간이 되리라.'라고 엄살을 떨어도 '아직 아닌데요.'라며 형형한 색채를 뽐내고 있는 저 책들. 앞표지를 뽐내며 기대어 있는 권력을 잠시 맛볼 수 있는 책들. 이제 조심스럽게 나가는 거야. 멋진 책들이 정말 많네.
아니? 사장님이 화장실에서 나오고 있잖아? 그럼
내가 지금까지 느낀 시선은…….

귀신을 본 양 공포에 질려 기겁한다.

경의중앙선을 이용하다 보면 가끔 열차 두
칸을 도서관으로 만들어 운영하는 독서바람열차를
만날 수 있다. 거기서 그림책을 살펴보다가 쓴
콩트였다. 마음이 어지러워 책 제목만 마냥
바라보았다. 작가들은 어떻게 해낼 수 있었을까?
나는 좋아한다고 믿는 일에도 이리 급급한데.
그래서 그런 걸까? 어떤 일을 잘 해내지 못한 사람,
완주하지 못한 무언가에 관한 이야기를 쓰는 게
즐겁다.

북토크에서 낭독한 이야기도 그랬다. 막
세계를 정복했는데 우주적 공문을 받아 방을
빼듯 퇴거되는 사람, 멸망의 날 불이 난 집에서
가재도구를 챙기지 못하고 코인 노래방에서 사는
연인, 머릿속 거친 말에게 건초를 먹여 보는 작가.
남은 페이지가 자신의 수명임을 받아들인 사람.

요약하면 그럴듯하지만 실제로는 도무지 무슨 내용인지 모를 이야기를 낭독했다.

「별책 매머머메」에서 마지막으로 낭독한 작품은 2018년 10월에 '프로젝트 10 MINUTES'라는 축제를 위해 쓰고 공연한 「시월, 생일잔치의 복화술사」다. 이 또한 잘 해내지 못하는 이야기다. 그만둘 생각은 없었지만 그만둔 다음의 풍경을 보고 싶었다. 3년 정도 활동한 즈음에 냉큼 회고전을 하고 싶다는 생각을 했다. 아직 그만두지 않아서 다행인가. 기쁜 순간이 참 많았다.

대개의 공연은 안내-본 공연-커튼콜-관객과의 대화로 이어지는데 진행 순서를 뒤집어 보았다. 연극 배우가 연극을 그만두고 관객으로 돌아가는 과정을 그리고 싶었다. 작중 여러 수법은 낡았지만, 여전히 마음에 든다. 이런 식으로 말하면서 자기 작품이 한때는 퍽 신선했으리라고 믿는 어리석음이라니. 하지만 무언가 아이디어가 있다면 해 보는 게 좋다. 이미 비슷한 작품이 적어도 70편 정도는 있을 테니. 맨 뒤에서부터 천천히 걸어가 보자. 어설프게 작가 행세를 하면서.

시월, 생일잔치의 복화술사

#1. 관객과의 대화

은한   많은 분이 남아 주셨네요. 감사합니다. 지금부터 관객과의 대화 시작하도록 하겠습니다. 저는 진행을 맡은 김은한이고요. 강선애 연출님 모시고 이야기 나눠 보도록 하겠습니다. 시간 관계상 10분 정도로 자리 정리해야 할 것 같아요. 질문이 있는 분께서는 제일 궁금한 거 한 가지씩만, 손들어 주시면 마이크 전달하겠습니다. 아, 진행 요원분 마이크 전달 부탁드립니다. 아, 그냥 손드신 거. (사이) 갑자기 생각이 안 날 수도 있으니까 제가 먼저 질문을 드려 보도록 하겠습니다. (웃음) 어……. 그럼 연출 님께 먼저, 제목이 인상적이었는데요. 혹시 공연자 분들이 복화술을 하시나? 살짝 기대했는데요. 어떻게 제목이 나오게 된 건가요?

선애 네. 제목은 처음 공연 제안을 받았을 때 떠올랐는데요. 미국의 제프 월이라는 사진가가 있거든요. 동명의 작품이 있어서 거기서 따왔습니다. 그…… 생일잔치에 아이들이 모여서 계속 복화술사를 바라보고 있어요. 근데 그게 일상적인데, 우리의 일상은 아니지만 쓸쓸해 보이기도 하고. 종말적인 느낌도 들고 해서요. 제가 너무 구구절절 얘기하는 것 같기는 한데 아아, 이런 얘기를 하는 게 관객분들한테 깰 수도 있는데, 관객이 응시한 삶이라는 게, 이 연극의 공간에서 우리는 죽고, 복화술 인형이 된다는 생각이 들었어요. 작가나 연출가의 말이라기보단 '연극'의 말을 전하는 인형인 거죠. 그렇다고 배우를 도구로 바라보는 건 아니고…….

#2. 커튼콜

은한 (웃음) 아 그걸 아직도 기억하고 있어요? 오랜만이에요. 생각은 가끔 하는데 연락까지는 닿지 못했네요. 아니 이 동네 안 살잖아요? 왜 혼자 술 마시고 있었어요? 이제 연극 안 한다면서요? 마지막에 한 거 저랑 한 거죠? 그때가 10월이니까 지금쯤인데. 그때 저 공연 다섯 작품 한다고 막 무리하는데, 돈 나오는 거 세 작품이고 두 개는 내가 돈 내고 있는데. 성실하지도 않으면서 일정을 잡아. 작품 많이 하면 좋지! 하면서. 그때 우리 관객과의 대화도 했잖아요. 배우가 자기 슬픈 얘기 하는 연극, 별로라고 해 놓고, 우리 슬픈 얘기 다 했지. 관객들 이런 공연 천 개 봤다. 그랬잖아요.

선애 으나나. 그냥 생각나서 와 봤지. 이제는 연극 안 보는데 시월만 되면 생각나.

날 시원해서 연습하기 좋을 거 같은데 나는 이때 연습해 본 적 없다? 동아리 때는 방학 때만 하니까 가을에는 공연 없지. 서울 프린지 페스티벌은 여름에 하지. 극단 있을 때도 그렇고. 근처에 극장 남아 있는 데 별로 없지? 여기도 지금 그냥 들어와도 되겠지?

은한 진짜 우리……. 하나 아쉬운 거. 커튼콜 여러 번 할 걸 그랬죠. 한 열 번씩 외국 극단들처럼 나왔다가 들어갔다가. 솔직히 연극 끝나면 이미지만 남는데. 그냥 사진 같은 거라 그래야 하나? 내용은 기억 안 나도 극장 나갈 때 느낌, 날씨 이런 거. 그때 우리한테 막 돈이 없지, 가오가 없냐, 으스대던 사람들은 지금 뭐할까요? 아, 핀 조명 받을래요? 대사 해 볼래요? 오랜만에?

선애 아냐 나 진짜 이제 연기 안 해.

#3. 연극

은한　두 사람이 극장을 찾은 것은 오랜만의 일이다. 그들은 연극을 그만두었다.

선애　연극이 끝나고 막이 내리면 그들은 언제나 자신의 삶으로 돌아가야 했기 때문이다. 연극은 인생이라고들 하지만 나는 그것을 믿지 않았다. 연극의 사후 세계는 현실이었다. 한때는 연극의 세계에 살고 싶어서, 현실에서 다시 태어날 때마다, 다음 생일이 올 때까지 노력해야 했다. 천국과 지옥처럼 딱 나뉘면 편하지만, 현실은 아무것도 없었다. 연극을 처음 시작할 때 그 상대역은 주로 우울함이었다. 가혹한 연출을 만났고, 어릴 때는 좋아하는 사람에게 연극을 보여 주기 위해 계속 연습하기도 했다. 연습이 고된 밤 울면서 순대를 먹었기 때문에 다들 야위어 가는 도중에

혼자 포동포동해졌다. 좋아하던
사람은 결국 연극을 보러 오지
않았다. 반드시 절대로 갈 셈이었지만
1주년 기념일이라는 걸 뒤늦게 알아
곤란하다고 했다.

배우는 자기 얘기 하기를 끔찍하게
싫어하면서도 결국 얼마나 불쌍하게
말할지를 고민한다. 이것이 제발
볼거리가 되기를 빌며, 관객이 우리의
허술함을 눈치채지 못하기를 빌며,
하지만 그건 어리석은 착각이다.

은한   우리 앞에는 사후 세계에서 온
유령들이 앉아 있다.

선애   그들은 우리가 볼 수 없는 것을
본다. 이야기의 시작과 끝을. 우리를
바라보길 선택하거나 하지 않을 수도
있다. 원한다면 남은 삶 속에서 완전히
지워 버릴 수도 있다. 어쩌면 이 순간이

계기가 될지도 모른다. 그들이 웃으면 우리는 안심하고, 그들의 박수는 우리가 곧 생일을 맞이한다는 걸 알려 줄 것이다. 하지만 여기는 우리의 무덤이고, 사람은 무덤 앞에서 손뼉 치지 않는다. 우리는 다만 안색을 살피며 준비된 말을 되풀이한다.

#4. 공연 안내

은한 기지개 한 번 켜고 시작할까요? 객석 단차가 꽤 낮죠? 10분도 쌓이면 한 시간이잖아요? 잘해야 할 텐데. 카페에서 잠깐 친구 만나고 글 쓰고 하면 두어 시간은 그냥 지나가잖아요. 하지만 그 시간 대부분은 음료 얼음을 가라앉히거나 빨대 비닐 접으면서 흘러가기도 하죠. 유감이에요. 희생되는 시간과 공간이 있다는 게. 그렇지만 관객을 희생시킬 순 없죠. 공연이 모두 끝나면 핸드폰 전원을

켜셔도 괜찮습니다. 예전에는 진동
때문에 공연장이 흔들린다거나
무너진다거나 그런 말도 했는데, 그런
일 없습니다. 음식물 드셔도 괜찮고요.
좋아하는 것 다 드세요. 자리 마음대로
이동하세요.

선애 우선 쓰고, 우선 말하고, 나의
목소리로, 하나씩 결정하는 거.
생각한 대로만 살면 되는데 잊어버려.
잊어버리기 전엔 외우고 있는데. 근데
결정은 해야 해. 살아 있기로. 이게
중요한 것 같아. 고작 이만큼의 삶을
위해서. 여기서 아무리 바라봐도
관객의 인생은 알 수 없었네요.
여러분의 큰 박수와 함께 연극을
그만두도록 하겠습니다. 그러니
마지막만큼은,

은한 부디 자신의 목소리로.

선애   감사합니다.

은한   건강히 지내세요.

선애   저희도 그렇게 하겠습니다.

10분이 될 때까지 관객의 유령을 응시한다. 암전. 희미한 객석 조명을 따라 객석으로 퇴장한다.

그렇게 우리는 객석에 앉아 축제의 다른 공연들을 끝까지 본다. 관객 행세를 하면서 실제로 관객이 된다.

조직에 소속되지 않고 공연 만드는 삶을 선택했으므로 회사 다니는 친구 얘기를 듣는 건 즐거움이다. 친구들은 "우리 일은 체계가 없어."라고 한다. 매뉴얼을 만들자면 그건 또 하나의 큰일이고, 매뉴얼은 끝없이 불어날 뿐이라고 한다. 큰 회사든 작은 회사든 마찬가지인 듯하다. SNS를 보면 분명 제텔카스텐 따위의 첨단 메모 기법으로 체계적으로 일하는 사람이 가득한 것 같은데, 막상

주변을 둘러보면 그렇지도 않은 모양이다. 나도 체계가 없다. 매번 새롭게 일하고 있다. 만드는 일을 만드는 사람, 방법을 매번 새로 만드는 사람인 것 같다. 가장 즐겁게 푹 빠져서 열정적으로 작업하던 시기를 떠올리면서 최강의 나인 양 시늉과 행세를 한다.

그러고 보면 공연을 만드는 것과 책을 만드는 건 같은 일로 느껴진다. 책은 내가 직접 독자를 만나지 않는다는 점이 다르지만 그게 더 좋기도 하다. 만나 버리면 헤어질 때 슬프니까. 또 아주 나중에 만나기도 한다는 점이 쓸쓸한 즐거움을 준다. 오래전에 책을 내고 소식이 없는 작가의 근황을 종종 찾아본다. 그만두었거나 지속하고 있고, 지금 여기 자신이 책에 쓴 말로 다시 돌아오지 않는 작가들. 작가와 냉큼 분리된 별책 부록 같은 시간을 만나는 건 묘한 일이다.

연극을 계속한 덕에 책도 쓰게 되었다. 앞으로도 계속하고 싶지만, 장담하면 아주 나중에 책으로 만나는 독자에게 민망할 것 같으니 느슨하게 두기로 한다. 관객, 동료, 친구로서 근사하고 멋진

이들을 많이 만나고 있다. 떠나가고 서먹해지는
이들이 있다. 앞으로 어떻게 살아야 할까 고민하는
나날도 늘어간다. 살아 있으면서 살아 있기를
고민한다. 생각한 대로만 살면 되는데 잊어버린다.
그래도 우선 살아 있기로 정했다.

    보르헤스의 「바벨의 도서관」에서는 어떤
순례자가 끝없이 이어지는 같은 모양의 도서관을
걸어 나간다. 거기서 끝없는 무질서를 발견한다.
그건 질서의 모습을 한 무질서이다. 아득한 우주의
혼란 속에서 초월적인 질서를 발견하게 된다.
순례자는 자신이 왔던 곳으로 다시 돌아온다.
그는 고독하게 그 기다림의 순간을 설레고 있다.
공연 「별책 매머머메」에서는 이 이야기를 하고
'저도 그렇습니다.'라며 마무리한다. 멋진 작가의
이야기를 멋대로 알아듣고 편승한 다음 책임지지
않기. 내 체계 없는 작업도 우주적인 질서의
일부라면 좋겠네. 속으로 다독인다. 계속하다 보면
무언가가 되기도 하는 모양이지만, 그냥 시늉과
행세인 채로 이어 가고 있습니다.

「별책 매머머메」 공연 사진.
안담 작가가 찍어 주었다.

같이 있는 사물. 이런 장면을
목격할 때 연극을 만들고 싶어진다.

혼자 있는 사물. 이런 장면을
목격할 때 연극을 만들고 싶어진다.

감사의 말

　감사의 말을 하려니 긴장이 앞선다. 감사한 이름을 빼 놓을까 걱정한 나머지 누구의 이름도 꺼내 놓지 않고는, 뭉뚱그려서 언급하는 것도 죄송스러워서 그냥 아무 말 안 하기로 다짐했던 어린 시절이 떠오른다. 긴 여행을 다녀와서 충분히 많은 선물을 사지 못했다는 걸 깨닫고 아무에게도 선물을 주지 않는 사람처럼. 몰래 줬다가 들킬까 봐 적당한 타이밍마저 전부 놓치고 빈 과자 상자에 색 바랜 브로치와 핀 몇 개를 고이 넣어 두는 사람처럼. 실은 지금도 그렇다. 마치 북 펀드의 후원자 페이지처럼 이름으로 가득 채우고 싶지만 부끄러워 마음만 전하고 싶다.

　책을 함께 만들어 보자고 해 주신 민음사 편집자님.
　글을 종종 살펴 주며 관심을 가져 준 친구.
　에세이와 희곡 일부를 쓸 동력이 되어준 무늬글방.
　오래 응원해 준 친구와 조금 먼저 떠난 친구.
　극장에서 함께 궁리하며 시간을 보낸 친구와 동료.
　별난 즐거움을 찾아 극장까지 와 준 사람.

극장을 찾지 않았지만 나를 기쁘게 발견해 준 사람.

오랫동안 공연 활동의 터전이 되어 준 서울 프린지 페스티벌과 신촌극장.

이제까지 살펴 주신 부모님과 여기까지 살펴 주신 독자께도 감사의 마음을 전합니다.

추천의 글

맥없는 제목과 달리 이 책은 기운차다. 먹고 잡담하고 되게 잘산다. 연극을 그만두는 연극을 만들더니, 그 연극 만든 걸로 글도 쓴다. 사실상 무한동력. 이런 식이라면 은한이 못 할 리가 없다. 식당을 극장으로, 라멘을 한 편의 극으로 취급하는 사람의 광기가 미덥다. 「위플래쉬」 주인공이 드럼을 그만둘 리는 있어도 은한이 극을 그만둘 리 없다. 라멘을 어떻게 끊겠나.

내가 스탠드업을 막 시작했을 무렵, 하루는 객석에 은한이 있었다. 난생처음 보는 사이인데 무대가 끝난 뒤 총총 다가와 내게 극찬했다. 후하게, 행복해지게. 아주 잠시 메디치 가문의 후원이 부럽지 않았다. 매머드머메이드는 내가 아는 최고의 공연 예술 후원자다. 이 책에서도 그 면모가 드러난다. 은한이 스스로를, 동료를 어떻게 북돋는지. 본인은 시늉한다고 하지만, 시늉하는 시늉을 하는 게 뻔히 보인다. 은은한 방식으로, 김은한 방식으로 오래오래 하려고 그러는 거다. 담백한 애(愛)와 엄살이 통통하게 오른 이 책은 지금이 제철이다.

원소윤(작가, 스탠드업코미디언)

김은한이라는 인간-극장을 눈꺼풀 안에 심어 보자. 텍스트로 이루어진 이 오묘하고 의뭉스러운 만화경을, 오로지 당신한테 줬다가 도로 뺏으려는 속셈으로만 짜인 이 정교하고 예측불허한 별세계를. 어딘지 무연하고 서글픈 얼굴을 한 사람들. 길을 잃어 놓고도 심드렁하고 태평스러운 사물들. 공연한 심술을 부릴 정도로 깊은 그리움을 건드리는 농담들.

  그러나 걱정할 필요는 없으리라. 이 휴대용 극장이 우리를 정말로 상처 입히지는 않을 테니까. 객석에 초대된 이들은 이미 저마다 상처받은 사람들이고, 무대에서 끝없이 상연되는 것은 언젠가 있었다가 없어진 것들이 가지는 극치의 아름다움뿐. 한낱 그런 아름다움 따위를 당신에게 주기 위해서, 그는 몸소 극장이 되어 버리고 만 것이다. 무모하게도. 위대하게도.

하은빈(작가)

김은한은 종종 "관객 머릿속에 극장을 세우는 일"을 한다고 말한다. 내 머릿속에 극장을 세우겠다니, 기이한 말이다. 그래서일까, 어느 공연에서 그는 "벤치에 핀 목이버섯들의 아름다움에 하염없이 감탄하고 싶"다며 말을 번복했다. 무대에는 벤치도 목이버섯도 없었다. 다만 누군가 '감탄하다'의 뜻을 물으면 가리켜야 할 것 같은 얼굴로 그가 서 있었다. 우리는 그가 몸으로 지은 극장에 놓였고, 그때 내 머릿속에 극장이 세워진 걸 알았다.

　　나는 머릿속 극장을 돌보기 위해 그의 연극을 찾는다. 대화, 질문, 낭독, 괴담, 콩트, 마임이 뒤섞인 김은한의 1인극은 커뮤니케이션의 코드를 어긋내 머릿속을 초기화하고, 그 어긋남의 지점에서 연극과 연극 아닌 것을 교환하며 극장을 구축한다. 라멘집이 극장이 되고 극장이 집이 되는, 혼잣말에서 시작된 희곡이 다시 "시늉과 행세"로 끝나는 이 책은 김은한의 또 다른 극장이다.

이여로(작가)

이런 것도 즐겁다고 생각합니다
김은한 에세이

1판 1쇄 찍음   2025년 12월 5일
1판 1쇄 펴냄   2025년 12월 12일

지은이   김은한
발행인   박근섭·박상준
펴낸곳   (주)민음사

출판등록   1966. 5. 19. 제16-490호
주소   서울시 강남구 도산대로1길 62(신사동)
강남출판문화센터 5층(06027)
대표전화   02-515-2000   팩시밀리   02-515-2007
홈페이지   www.minumsa.com

ⓒ 김은한, 2025, Printed in Seoul, Korea

ISBN   978-89-374-4871-3 (03810)

* 잘못 만들어진 책은 구입처에서 교환해 드립니다.

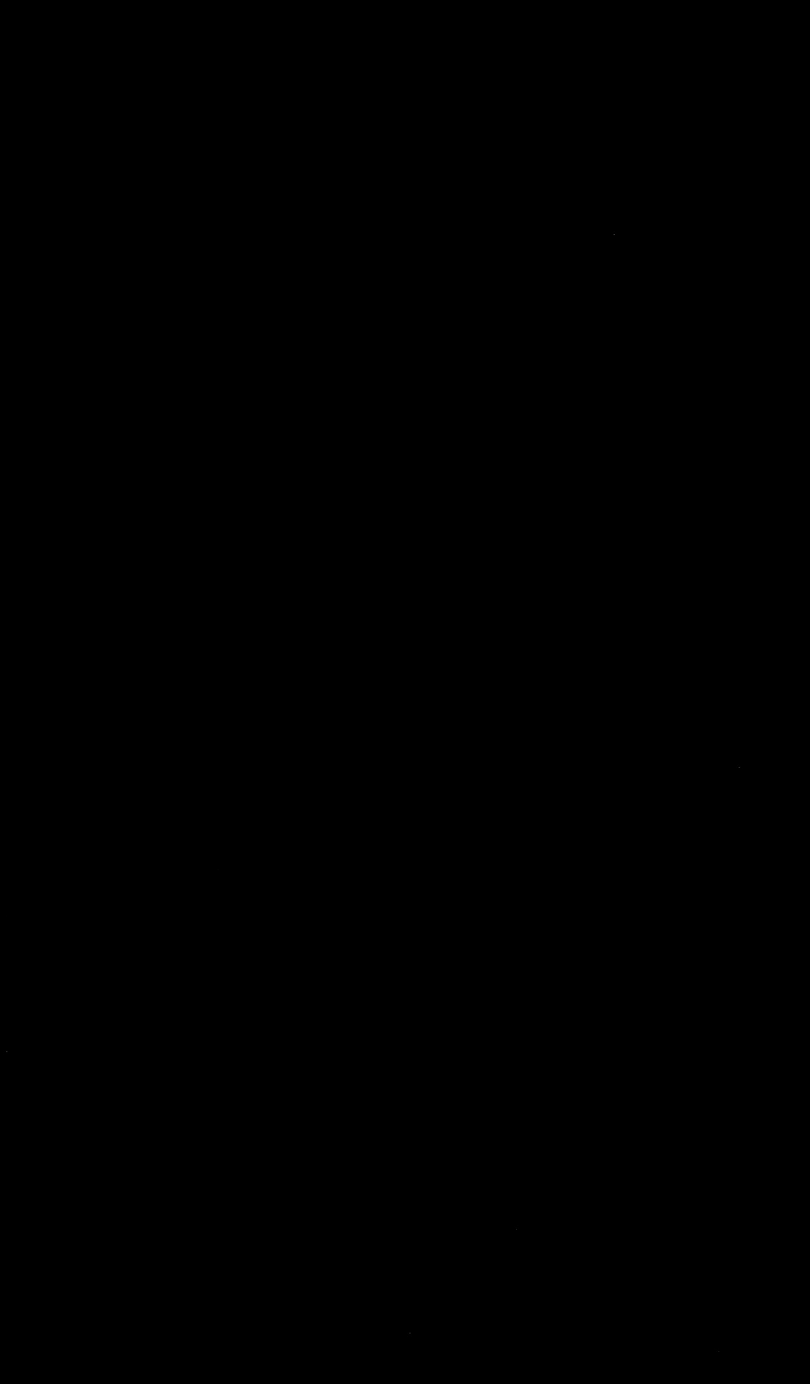